Unterwachen und Schlafen

I0024549

Unterwachen und Schlafen: Anthropophile Medien nach dem Interface

herausgegeben von
**Michael Andreas, Dawid Kasprowicz
und Stefan Rieger**

µ meson press

**Bibliographische Information der Deutschen
Nationalbibliothek**
Die Deutsche Nationalbibliothek verzeichnet diese Veröffentlichung in der Deutschen Nationalbibliographie; detaillierte
bibliographische Informationen sind im Internet
unter http://dnb.d-nb.de abrufbar.

Veröffentlicht 2018 von meson press, Lüneburg
www.meson.press

ISBN (Print):   978-3-95796-135-8
ISBN (PDF):   978-3-95796-136-5
ISBN (EPUB): 978-3-95796-137-2
DOI: 10.14619/1358

Designkonzept: Torsten Köchlin, Silke Krieg
Umschlaggrafik: Samuel Howard Monell. 1903. *Thirty Chapters
on Static Electricity Selected from the Original Manual of Static
Electricity in X-Ray and Therapeutic Uses*. New York: E. R. Pelton,
275. https://archive.org/details/thirtychaptersonoomone.
Korrektorat: Norman Rinkenberger

Die Printausgabe dieses Buchs wird gedruckt von Books on
Demand, Norderstedt.

Die digitale Ausgabe dieses Buchs kann unter
www.meson.press kostenlos heruntergeladen werden.

Diese Publikation erscheint unter der Creative-Commons-
Lizenz „CC-BY-SA 4.0". Nähere Informationen zu dieser Lizenz
finden sich unter: http://creativecommons.org/licenses/
by-sa/4.0/.

Inhalt

ANTHROPOPHILE MEDIEN

INTERFACE

AFFECTIVE COMPUTING

MENSCH-MASCHINE-INTERAKTION

EMBODIMENT

SURVEILLANCE

SOUSVEILLANCE

1

Unterwachen und Schlafen: Einleitung

Michael Andreas, Dawid Kasprowicz
und Stefan Rieger

Anthropophile Medien – sei es im Ambient Assisted Living, sei es als Pflegeassistenzsysteme, sei es in den Arbeitsszenarien einer Industrie 4.0, als behagliche Interfaces des Affective Computing oder als Lifetracker der Quantified-Self-Bewegung – durchdringen zunehmend unsere lebensweltliche Realität. Damit ist aber weniger eine Emphase auf technische Innovationspotentiale verbunden, denn der Einzug menschlicher Befindlichkeiten, Werte und sozialer Routinen in das Design medialer Agencies. 40 Jahre nach der deutschen Erstausgabe von Michel Foucaults *Überwachen und Strafen* gerät damit auch der Kritikbegriff einer älteren Medientheorie ins Wanken, wenn unser Miteinander mit

Medien, sei es aus demographischer, politischer oder ökonomischer Notwendigkeit, zunehmend unhintergehbar wird. Die titelgebende Modifikation hierzu lautet *Unterwachen und Schlafen*. *Unterwachen und Schlafen* stellt nicht das theoretische Programm einer vollautomatisierten Lebenswelt in Aussicht, sondern das Konstrukt einer medialen Unterhaltung anthropologischer Grundelemente, wie sie unter Konzepten der Autonomie, der Freiheit oder des Vertrauens gefasst werden.

1. Mit dem Beat wegschlummern – Anthropophile Medien

Eine Google-Suche mit den beiden Wörtern *Schlafen* und *Technik* fördert nicht weniger als 656.000 Treffer zutage. Bereits in der algorithmischen Autovervollständigung der Suchmaschine taucht gleich mehrfach eine sogenannte „4-7-8-Atmung" auf, die zur Unterstützung des Einschlafens dazu rät, erst vier, dann sieben, dann acht Sekunden lang die Luft einzubehalten, um anschließend über die Nase wieder auszuatmen. Nach einigen Durchläufen dieser aus dem Yoga stammenden Atemtechnik soll sich ein tiefer und entspannter Schlaf einstellen. Techniken des Schlafens sind – anders als die Regenerationsübungen alternativer Lebenspraktiken wie Wellness oder Yoga – in einer mediatisierten Gesellschaft, ihren omnipräsenten Endgeräten und den darauf betriebenen Apps nicht mehr allein das Hoheitsgebiet alternativer, quasireligiöser oder esoterischer Ratgeber. Genauso wenig fallen sie in den Bereich einer wissenschaftlichen Beforschung in stationären Schlaflaboren und ihrem technischen Equipment. Vielmehr gehören sie zu einem neuen Phänomen von Medien, die

eben nicht mehr den aktiven und am Interface operierenden **9**
User voraussetzen, sondern einen Körper erwarten,
der gerade durch seine Passivität und im Modus dieser
Passivität zu einem Ausgang medialer Operationen werden
kann (vgl. Gemmel et al. 2004). Selbst die unscheinbarsten,
weil bloß physiologischen Regungen taugen dabei als
Interventionsfeld – wie es in einem Text des sein Leben
in allen Einzelheiten aufzeichnenden Gordon Bell heißt.
Unter dem Titel *Counting Every Heart Beat: Observations by
a Quantified Selfie* wird für den amerikanischen Computer-
ingenieur, Manager und Microsoft-Berater alles eine Sache
von Belang (vgl. Bell 2015). Diese Tendenz findet im *Affective*
und *Intimate Computing* sowohl seine theoretische Ver-
dichtung als auch sein operatives Forschungsfeld: Ob
Glück und Wohlbefinden, ob Stress oder die (akademische)
Arbeitsperformanz, ob Nervosität oder eben das Schlafver-
halten – jede physiologische Regung taugt zum Indiz und
findet seine entsprechende Verwendung.[1] Dem Schlafen hat
wie auch dem Träumen die Stunde seiner Vermessung und
seiner Optimierung geschlagen (vgl. Meißner 2016).

Der Schlaf, die vollkommene Abstinenz des Körper-
bewusstseins, die dennoch geradezu einer regelungstechnischen Vorbereitung im Tagesrhythmus bedarf, ist
hierbei nur ein Beispiel aus dem Umfeld lebensweltlicher
und nachgerade allzumenschlicher Bedürfnisse, welche
dem Phänomen der Unterwachung anheimfallen und dem
die Beispiele in diesem Band wie das Wohnen, die Pflege
oder das Unterwegssein folgen werden. Diesen Tätig-
keiten, Gemengelagen und Phänomenbereichen gemein
ist eine Delegationsbereitschaft dezidiert anthropologisch
gefestigter Handlungskompetenzen. Wo Technik sich nicht
mehr allein als Mittel zum Zweck erschöpft und Medien weit
mehr Felder abdecken als die Vermittlung von Nachrichten
und ihr Aufleuchten auf Displays, drängt sich zwangsläufig
die Frage auf, welchen Stellenwert der Mensch in einer

1 Vgl. dazu Arbeiten aus dem Umfeld der Diskursbegründerin des
   Affective Computing, Rosalind Picards, wie eine von ihr betreute Dissertation von Akane Sano (2016). Ferner: Sano et al. 2015.

medial veränderten Umwelt einnimmt – in denen anthropologische und psychologische Grundbedürfnisse freiwillig
seinen medialen Extensionen anheimgegeben werden.
Auf solche anthropologischen Gabelungen zwischen
Selbstexekution und Delegation hat Peter Sloterdijk mit
einer eigenwilligen *différance* reagiert und vorgeschlagen,
man könne Marshall McLuhans elektrifizierte *message*
als Wesen von Medien mit der tiefenentspannenden
Massage austauschen.[2] Die neue Anthropotechnik läge
daher eben nicht in der Rezentrierung des Menschen nach
seinen etlichen exzentrischen Positionalitäten, sondern im
Erlernen einer „Passivitätskompetenz", in der man spiele,
um mit sich spielen zu lassen (Sloterdijk 2012, 593–594).
Medienanthropologisch läuft dies aber eben nicht auf ein
alternatives Rationalitätskonzept hinaus, das es dem von
Medien umstellten Menschen wieder gestatten würde, zu
sich zu finden. Wo medialen Operationen so routinierte
Praktiken wie das „ruhige" Schlafen anvertraut werden,
finden Transitionen statt, die sich nicht allein in der
zunehmenden Datenverarbeitung und Vernetzung von
Endgeräten erstrecken. Gerade die Schnittstelle zwischen
einem Subjekt, das nun wieder Für-Sich sein soll und einem
omnipräsenten, aber unaufdringlichen Medium, verlangt
nach einem entsprechenden Design und zugleich einer
begleitenden Semantik, welche das Wissen um seine sozial
codierte Diskretion und Dezenz mit sich zu führen weiß: Im
Falle einer drohenden Schlafstörung kann das auch ein auf
Frequenzwellen dahinschwebender Hirte sein. So bietet
unter dem Namen „Sleep Shephard" eine gleichnamige
amerikanische Firma ein Stirnband an, das sowohl die
Hirnaktivität im Schlaf ermitteln als auch den optimalen
Schlaf ermöglichen soll. Gemessen werde per integriertem
EEG, dessen Verlaufskurven später auf dem Handy einge-
sehen werden können, während das biokybernetische
Feedback durch ein sogenanntes „Binaural Beat System"

---

2   McLuhan selbst hat die bereits in den 1960er Jahren zum Gemein-
     platz geronnenen Slogan „The Medium is the Message" als „Massage"
     ironisiert (McLuhan/Fiore 1967).

gesteuert wird. Hierbei soll jedes Ohr ein Signal auf leicht
unterschiedlicher Frequenz empfangen, sodass das
Gehirn direkt ein Pulsieren wahrnehme, das sich aus der
stereofonen Differenz der beiden Frequenzen ergibt. Das
Besondere – und damit von der Hörphysiologie über die
Schlafforschung bis in den „Sleep Shephard" reichende
Versprechen – ist die direkte Adressierung des Gehirns jenseits der bloß auditiven Bespielung beider Hörkanäle. Takt
um Takt fahren die leicht versetzten Frequenzen herunter,
bis sich die – durch ein Feedback der EEG-Werte ermittelte
– Schlaffrequenz der Person ergeben hat. Der Apparatur
des „Sleep Shephard" kommt hier nicht nur die Rolle einer
kybernetischen Körperregulierung zu. Es umschließt mit der
Semantik des „wachenden Hirten" über einen als „gesund"
apostrophierten Schlaf, mit einer dezidiert haptischen
Stirnbinde, den sukzessive abnehmenden *In-Ear*-Frequenzen
und nicht zuletzt mit der Heimeligkeit des eigenen Betts
eine neue mediale Nähe, die weit über den Rahmen eines
Interfaces hinausgeht. Der Einsatz solcher, wie sie hier
genannt werden, *anthropophiler Medien*, insinuiert anstelle
einer disziplinierenden Technologie die Fremdkontrolle
über neue Körpererfahrungen.[3] Der kulturelle Gemeinplatz
des Schlafens erschöpft sich eben nicht in einer medialen
Steuerung chronobiologischer Parameter, er suggeriert auf
metaphorische Weise eine Transition von der vermeintlich
natürlichen Praxis des Schlafens auf das Feld medialer
Operationen. Im Rahmen des „Internet der Dinge" und der
Portabilität datenverarbeitender, -prozessierender und
-kommunizierender Medien und Applikationen schließen
an den „Sleep Shephard" ganz andere Hirtenkonzeptionen

3   Damit entrücken Medien aber ihrem auch im Zuge der *Quantified-
     Self*-Bewegung allzu bemühten Verdacht der Überwachung und
     Disziplinierung des Subjekts. Siehe zu dieser Differenzierung von der
     Disziplinartechnik des Quantified Self als Optimierung des Selbst
     und einem breiter gefassten Begriff der Kontrolle, der auch technisch
     generierte und dokumentierte Selbst- bzw. Körpererfahrungen als
     ungeplante Neuheiten inkludiert: Meißner 2015.

12 an.[4] Sei es die Handlungsmöglichkeit im Kontext selbst-
steuernder *Smart Cars*,[5] die Stressentlastung durch autonome Drohnen oder die emotionale Intelligenz eines
Affective Computing, sei es die Sensibilität und Taktilität eines
kollaborierenden oder pflegenden Roboters, seien es Vor-
richtungen im Arbeitsalltag, die in der unscheinbaren Form
einer *Calm Technology* das Wohlbefinden durch die aktive
Förderung von Ruhepausen steigern (vgl. Ludden/Meekhof
2016) – in all diesen Fällen tritt ein neues Verhältnis zwischen
einem als *User* apostrophierten Anwender und seinem
Medium auf, das ohne eine bewusste Rücknahme der
Aktivität seitens des Anwenders nicht aufgeht. Damit aber
gerät ein medientheoriehistorischer Grundverdacht gegenüber Medien ins Wanken, der „Medien" allzu häufig in den
Focus von Überwachungsdiskursen rückt. Einen rezeptions-
historischen Gemeinplatz hat diese Lesart von Medien in
jenem Werk Michel Foucaults gefunden, dem auch indirekt
dieser Sammelband seinen Namen verdankt: In *Überwachen
und Strafen* hat Foucault 1976 in der französischen Erstausgabe beschrieben, wie sich der Charakter der Repression
entlang der Aufklärung zunehmend von der Körperlich-
keit der Züchtigung (des Anprangerns, Peinigens und
Brandmarkens) löst und zu einem Diskurs der Einsperrung
und Überwachung wird, in der der Körper des Individuums
– zugleich mit dem kollektiven politischen Körpers des
gouvernementalen Staates/der Disziplinargesellschaft –
zu einer Aufgabe der Ökonomie wird. Diese „Führung zur
Selbstführung" des modernen Staates findet Foucault in der
modernen Gefängnisarchitektur eingelöst (Foucault 1994

---

4   Zur Trope des Hirten vgl. Foucault 2006, 173ff. Foucault spricht in
     seiner *Gouvernementalität* sogar dezidiert von der [über-]wachenden
     Funktion des Hirten: „[Er] ist derjenige, der wacht. ‚Wachen' natürlich
     im Sinne von Überwachung dessen, was sich an Bösem ereignen
     kann, doch vor allem Wachsamkeit gegenüber allem, was an Unglück
     geschehen kann." (Foucault 2006, 190)
5   Suzanna Alpsancars Beitrag in diesem Band entwickelt eine Frage
     nach der Handlungsmacht im Umfeld autonomen Fahrens in Rück-
     bezug auf die Technikphilosophien Bruno Latours und Christoph
     Hubigs.

[1977]). Vierzig Jahre nach dem Erscheinen der deutschen
Erstausgabe gilt es hier aber weniger, einen abermaligen
Rückblick zu starten, denn deutlich zu machen, wo die
Grenzen eines derartigen Selbstverständnisses von Medien
als Überwachungsdispositive heute liegen.

2. Medien unter Verdacht stellen –
Überwachen und Strafen

Foucaults Studie *Überwachen und Strafen: Die Geburt des
Gefängnisses* ist in ihrem Ansatz weit mehr als die Analyse
einer zentralen Institution der Strafjustiz. Sie demonstriert
in materialträchtiger Weise, wie moderne Institutionen (das
Gefängnis, die Fabrik, die Schule, das Asyl, das Kranken-
haus u. a.) einen spezifischen Blick auf Individuen kon-
struieren und damit Subjekte produzieren. In einem Netz
aus wissenschaftlichen und nicht-wissenschaftlichen
Diskursen, Körpertechniken, Architekturen, Werkzeugen
und dem Verwaltungsapparat eines modernisierten Staates,
konstituiere sich eine „Disziplinarkontrolle" (ebd., 195),
in der die Unterwerfung des Individuums nicht mehr mit
einer Negation und Bedrohung des Lebens einhergehe,
wie es die physisch repräsentative Macht des Souveräns
zelebrierte, sondern mit der systematischen Disziplinierung
eines produktiven Subjekts. Es gelte nicht mehr, das Leben
zu nehmen und den Körper zu peinigen, sondern ihn
zu kontrollieren. Die Integration des Individuums in die
Gesellschaft als „politische Ökonomie des Körpers" (ebd.,
37), die Systematik „suspendierter" aber nicht aufgeho-
bener Rechte sowie die Anwendung einer „moralische[n]
Orthopädie" (ebd., 17) fördern ein Subjekt-Konzept zutage,
das sich sowohl von der marxistischen Anthropologie wie
auch von der Psychoanalyse distanziert – den bis dahin im
französischen Strukturalismus gängigen Leittheorien. *Überwachen und Strafen* fasst somit einen Komplex aus Praktiken
und Diskursen zusammen, dem sich in den folgenden Jahr-
zehnten zahlreiche wissenschaftliche Disziplinen bedienen
werden, nicht zuletzt um die mediale Bedingung dessen,

14   was ein Subjekt sein und wie es wahrgenommen werden
soll, genauer in den Blick zu nehmen.

In den dem Poststrukturalismus offenstehenden kultur-
und geisteswissenschaftlichen Fächern der 1970er,
1980er und 1990er Jahre, aus denen nicht zuletzt auch
die Medienwissenschaft hervorging, erhielt Foucaults
Werk daher schnell kanonischen Status. Die einer Bio-
politik vorausgehende Disziplinartechnologie um eine
„politische Ökonomie des Körpers" wurde für Felder wie
die Gender Studies ebenso konstitutiv wie das Entstehen
normalisierender Wissenschaften, die nach Foucault als
„Nebenrichter" mit ihren Untersuchungstechniken eine
„Gerichtsbarkeit" erst ermöglichen sollten (ebd., 31 und 37).
Wenn Medien eine bestimmte Beobachtung und damit auch
eine Differenzierung von Subjektivität möglich machten,
dann führte Foucaults Diskursanalyse diesen Verlauf exemplarisch aus – ohne explizit das Wort Medien zu verwenden
(vgl. Foucault 2012). Die weitreichendste Popularität aus
Überwachen und Strafen hatte aber ein Begriff, den Foucault
vom englischen Juristen und Philosophen Jeremy Bentham
nimmt, das Panopticon. Die Architektur des Panopticons
aus seinem Turm in der Mitte und den Zellen entlang der
Peripherie konstituiert ein Wechselspiel aus Sehen und
Gesehen-Werden (vgl. ebd., 257). Die Anschlüsse dieses
zutiefst modernen Überwachungskonzepts an Video-
oder Internetüberwachungen haben sich nicht nur in
diversen medialen Schüben – von der monomedialen Perspektive über das Multimedia-Zeitalter um 2000 bis in die
Digitalisierung hinein – bewährt (vgl. Stauff 2005). Sie trugen
sich fort bis zur Etablierung eigener Forschungsdisziplinen
wie den *Surveillance Studies* (vgl. Kammerer und Waitz 2015).
Nicht zuletzt im Anschluss an die Arbeiten des kanadischen
Computerwissenschaftlers und *Veillance*-Aktivisten Steve
Mann wurde der Begriff der -wachung (*veillance*) für eine
Reihe von Konzeptualisierungen benutzt. Das Spektrum
entsprechender Begriffsfügungen reicht bei Mann selbst
von der *Surveillance* über die für diesen Band titelgebende
Sousveillance bis hin zu jener *Metaveillance*, bei der das

Sehen selbst im Zentrum des Sehens steht (*Seeing Sight*
Itself, Mann 2016). In anderen Theorieoptionen wird die *Veil-lance* – als *Dataveillance*, *Counterveillance* oder dergleichen – nicht nur durch vorangestellte Präfixpropositionen ausdifferenziert.

Kurzum: Foucaults *Überwachen und Strafen* hat inzwischen eine Rezeptionsgeschichte hinter sich, die selbst nach einem eigenen panoptischen Blick verlangt, um seine diversen Wirkungen nachzeichnen zu können.[6] So offen Foucault sein Konzept des Panopticons konzipierte, so anschluss-fähig wurde es für einen Machtbegriff der Geistes- und Kulturwissenschaften nach dem *Linguistic Turn*, und so fest verankert und kanonisiert ist es heute, vierzig Jahre nach dem Erscheinen von *Überwachen und Strafen*. Als Cha-rakteristikum von Medien ist das Überwachen inzwischen zur Banalität, vielleicht gar zu einem reflexartigen Ver-dacht geworden. Dies hat sich nicht zuletzt vor dem Hin-tergrund eines teilweise paranoiden Misstrauens in die heutigen Massenmedien potenziert – ausgerechnet in den Niederungen der Kommentarspalten privater Social-Media-Plattformen gerinnt Machtkritik zu einem diffusen Verdacht gegen diffuse „Eliten".[7] Dabei ist Foucaults Machtkritik gerade vor dem historischen Hintergrund ihres Entstehens und der Konjunktur des Kritikbegriffes durchaus als eine progressive zu verstehen (vgl. Pühl 2009). In einem General-verdacht der medialen Manipulation stehen jedoch weniger das Spezifische eines Mediums im Vordergrund, denn seine technischen Möglichkeiten, wie Individuen und Kollektive als potentielle Zielgruppen von Überwachungsstrategien adressiert werden könnten.

Solche Autologien eines Medien-Begriffes drängen sich mit der Zeit für eine parodistische Überdehnung auf. So

6   Vgl. hierzu das Buch von Marc Rölli und Roberto Nigro, das im Rahmen des 40-jährigen Jubiläums erschienen ist: Rölli/ Nigro 2017.
7   Wir verstehen hier Nähe dezidiert nicht als eine wie auch immer geartete soziale Nähe, die den Wortteil *social* in Social Media ernst nimmt und eine Vergemeinschaftung mit anderen entfernten Usern über Plattformen beschreibt (vgl. Abend et al. 2012).

16 hat der Kabarettist und Kleinkünstler Marc-Uwe Kling eine
seiner Kurzgeschichten aus einer fiktiven Berliner Wohn-
gemeinschaft programmatisch „Über Wachen und Schlafen"
genannt.[8] Der Dauerverdacht gegenüber der eigenen
Überwachung wird hier durch die Installation einer Video-
Kamera im Hausflur seiner Wohnung initiiert, in der auch
sein allgegenwärtiger Sidekick, ein sprechendes, antiauto-
ritäres und überaus renitentes Känguru, wohnt. Nach
einem Referat des Ich-Erzählers über die Gleichzeitigkeit
der Überwachung als Selbstüberwachung (selbstredend mit
Verweis auf das Panopticon und seine kulturgeschichtliche
Bedeutung) fasst das Beuteltier einen fatalen Entschluss.
Da es in seinem antistaatlichen Eifer das Paradoxon in
Benthams Panopticon gar nicht erst zu ignorieren sucht,
wirft es einen Farbbeutel auf die Kamera. Einen Brief der
Hausverwaltung später stellt sich heraus, dass die Kamera
echt, vom Vermieter und nicht vom missliebigen Nachbarn
eingesetzt worden ist. Die Sabotage der Überwachung wird
dabei als Widerstandsakt ebenso verzerrt wie der General-
verdacht selbst, der inzwischen genauso alltäglich geworden
ist wie das Schlafen.

Solche Reflexionen ironisieren einen normativen Blick
auf das Mediale. Sie demonstrieren einen Leerlauf in
der kritischen Betrachtung von Medien als dem Instrument eines Orwellschen Bruders. Die Skepsis gegenüber
medialer *Surveillance* nach diversen NSA-Abhöraffären ist
groß, auf der ganz pragmatischen Seite von Alltäglichkeit
treten Medien aber unmittelbar in unseren sozialen Nahbereich. So bewirbt der Internethändler Amazon seit 2017
sein Gadget „Echo", Gehäuse einer Haushaltsassistentin
namens „Alexa", mit einer Spracherkennung, die über WLAN
die Heimelektronik steuern soll. Die Spracherkennung
erfolgt dabei jedoch nicht lokal, sondern läuft über zentrale Server. Über die Fragen des Datenschutzes und der
Abhörsicherheit hinaus drängt sich der Gedanke auf,

8   Ein Mitschnitt des für den Berliner Radiosender Fritz entstanden
     Hörspiels findet sich auf Youtube, www.youtube.com/watch?v=-
     faDZe4OvrFo (gesehen am 18.05.2017). Vgl. ferner Kling et al. 2012.

inwiefern eine Autonomie des Subjekts gerade durch die
Präsenz von sensorischen und vernetzten Medienumge-
bungen aufrechterhalten werden kann. Solche Paradoxa,
wie sie in diesem Band u. a. von Stefan Rieger unter dem
Titel *Freiwillige Fremdkontrolle* geführt werden, fördern damit
ein neues Phänomen zutage, in dem Medien sich nicht mehr
in ihrer Über-, sondern in der titelgebenden *Unterwachung*
abzeichnen. Diese Präfix-Verschiebung hängt zum einen
direkt mit dem Aufkommen des „Internet der Dinge"
zusammen, sowie der Multiplizierung und Distribution von
Computer-Endgeräten (vgl. Sprenger/Engemann 2015, 11).
Zum andern werden eben in diesem Band nicht die technologischen und historischen Spuren solcher mediatisierten
Räume aufgearbeitet, vielmehr stehen die Akzentver-
schiebungen im Vordergrund, die sich an der Schnittstelle
Mensch und Maschine ereignen.

3. Das Vertrauen latent wirken lassen – *Unterwachung* nach dem Interface

Schon der Versuch, das ingenieurwissenschaftliche
Konzept der Mensch-Maschinen-Schnittstelle in den
computertechnischen Terminus des Interface zu über-
führen, bringt mehrere Probleme mit sich. Denn wo die
Schnittstelle einen lokalisierbaren Ort impliziert, geht
das Interface darüber hinaus als „point of transition
between different mediatic layers" (Galloway 2012, 31). Es
erstreckt sich nicht in einem Objekt für die Anzeige von
Input- und Output-Vorgängen, sondern ermöglicht das Verfolgen von Transitionen, und zwar nicht nur von Signalen,
sondern von physischen Einwirkungen ebenso wie von
stofflichen Komponenten.[9] Haptische Kontakte zwischen
Menschen und Robotern implizieren etwa die Modellierung
einer „intuitiven" Geste sowie ihre Umsetzung in den
dreidimensionalen Modellen technischer Zeichnungen,

9   Eine weitere Drehung erhält das Konzept des NUI in sogenannten Bio-
     Interfaces. Vgl. dazu Zuanon 2013.

während die Widerstandskontrolle bei Fremdkräften sowie die Bewegungsfreiheit der Roboterhand in virtuellen Umgebungen auch zeitlich simuliert werden. Das Interface ist damit nicht länger eine rein physische Schnittstelle. Es durchzieht zahlreiche mediale Schichten, in denen sich ein Vorgang abzeichnet, der Algorithmen, physische Umweltkräfte und eine materielle Beschaffenheit in einer sozialen Geste konzentriert. Ein *Post-Interface* erklärt eben nicht das Phänomen der Schnittstelle im Zeitalter eines sogenannten „Internet der Dinge" für obsolet, es verweist aber auf das temporale *Nach* der multiplen Schichten, in denen heute mehr als das Übertragen und Decodieren von Signalen verhandelt wird. Denn wo die physisch lokalisierbare Input- und Output-Schnittstelle als Ort der Agency diffundiert, müssen die Zuschreibungstechniken sowohl für Handlungen als auch für Handlungsräume neu verhandelt werden. Das evoziert Fragen nach dem Status des Menschen innerhalb der Mensch-Maschine-Interaktion: An welcher Stelle und in welcher Haltung soll der Roboter seinem Partner entgegentreten? Wie nah darf er sich – sei es als autonomes oder lokomotives System, sei es als Roboterarm – dem Körper nähern?[10] Welches Maß an affektiver und emotionaler Nähe ist dabei zulässig (vgl. Vincent et al. 2015, Scheutz 2011)? Dort, wo Zäune als Abtrennung und Bedienkonsolen als Steuerungsinstrumente nicht mehr auftauchen, treten neue Kategorien um ein implizites Wissen des Operanden ein. Während implizites Wissen, wie der Philosoph und Chemiker Michael Polanyi festhält, quasi einverleibt ist und all jene Vorgänge umfasst, „die wir nicht als solche empfinden" (Polanyi 2016, 21), wird es für das System des Roboters notwendig, solche routinierten Ausführungen explizit zu machen, zu formalisieren und schließlich auf eine ergonomisch und sozial verträgliche Weise umzusetzen. Entgegen der Beschreibung Polanyis, in der die Nutzung von Werkzeugen zu einer Distanzierung ihrer Bedeutung von uns führt, da sie in der Ferne wirken, verweisen die

---

10   Zur Frühgeschichte der Mensch-Maschine-Interaktion als Anthropotechnik vgl. den Beitrag von Kevin Liggieri in diesem Band.

anthropophilen Medien dieses Bandes auf das Einräumen
einer neuen körperlichen, sozialen wie auch semantischen
Nähe (Andreas/Kasprowicz/Rieger 2016; Kaerlein 2016;
Lambert 2016). Dies schlägt sich nicht zuletzt in den
Adjektiven nieder, mit denen heutige Interfaces beschrieben
werden – ausgehend vom Telos eines *Invisible User Interface*
reicht die Emphase einer Unaufdringlichkeit und -merk-
lichkeit von Medien in Konzepte der *Embeddedness*, der
Context Awareness, der Saumlosigkeit (*Seaminglessness*),
der *Calmness* oder auch des *naiven Benutzers*.[11] Ergänzend
hierzu wird die Mit-Anwesenheit von Medien am Körper in
einer tendenziös invasiven Steigerung überhöht, die von
Portables (Stingelin/Thiele 2009) über *Wearables* (Mann/
Nolan/Wellman 2003) und schließlich zu *Insideables* reichen
(vgl. Mevissen 2014). Während die Termini der *Portables*
und *Wearables* inzwischen durch Smartphones oder
Smartwatches zum täglichen Konsumobjekt geworden sind,
verharren *Indisedables* noch in einem Entwicklungsstadium,
das Investoren aber nicht davon abhält, 2014 in die Firma
Proteus 62,5 Millionen anzulegen. Die Firma aus Redwood,
Kalifornien, entwickelt Pillen mit einem integriertem Chip
und Sensor, die sowohl die Reaktion des Körpers auf eine
Medikation als auch seine Bewegungs- und Ruhephasen tracken und an ein Endgerät senden können.[12]

Die intendierte Nähe anthropophiler Medien verweist
damit auf einen weiteren allzu menschlichen Komplex:
das Vertrauen. So sind Smart-Home-Anwendungen wie
„Alexa" über Spracheingaben zu steuern, die hierzu in
Verbindung mit den anderen smarten Objekten treten
können. Das Monitoring medikamentöser Verabreichungen
durch Pflegeroboter bedarf ebenso der Konstruktion

---

11   Dafür sind etwa die Arbeiten von Mark Weiser und Matthew Chalmers
     einschlägig.
12   Unter dem Titel einer *Digital Health Care* firmiert dabei die Vorstellung
     einer „Healthcare" als medizinwissenschaftlicher Kern für das 21.
     Jahrhundert, während die Medizin des 20. Jahrhunderts dabei eine
     „Sickcare" darstelle, die sich vor allem durch das (Foucaultsche) Milieu
     des Krankenhauses ausgezeichnet hätte.

einer Vertrauensgrundlage. Auch die Kommunikation mit computergestützten Systemen setzt das Gefühl eines adäquaten Lesens von emotionalen Zuständen voraus, folgt man der Programmatik des *Affective Computing* (vgl. u. a. Picard 2003), mit dem sich Anna Tuschling in ihrem Beitrag hier beschäftigt. Es ist dieses intuitive Vertrauen in Medien, das technisch mobilisiert werden muss und weit mehr als einen funktionalen Anwendungsrahmen umfasst, der einem korrespondierenden Erwartungshorizont des Users begegnen müsste. Die multiplen Schichten des Interface korrespondieren hier mit der Semantik einer nahtlosen Schnittstelle, deren Handlungskompetenz auf dem Paradoxon einer latenten Assistenz beruht. Mark Weisers und John S. Browns Szenario der *Calm Technologies*[13] wird hier nicht nur aufgrund der technischen Grundlagen vernetzter Objekte in einem „Internet der Dinge" und seinen vermeintlichen „Smart Environments" virulent (Weiser/ Brown 1995). Es führt zwangsläufig zur Frage, wie, wann und nicht zuletzt in welcher Gestalt elektronische Systeme ihren Usern gegenübertreten dürfen. Damit stößt die Ethik einer älteren Medienkritik zugleich auf neue ökonomische, politische und demographische Notwendigkeiten, denen mit einer gängigen Lesart von Gouvernementalität nicht mehr beizukommen ist.[14] So hatte bereits Bentham sein Panopticon dezidiert als moralische Anstalt verstanden (vgl. Bauman/Lyon 2013, 170f.). Nicht von ungefähr greifen

13   Die Computerwissenschaftler Mark Weiser und John S. Brown arbeiten gemeinsam in den 1990ern im Xerox Palo Alto Research Center, das eine der zentralen Stätten für die Entwicklung des *Ubiquitous Computing*, der Vorstellung einer Einbettung von Computergeräten in die physische Umgebung, war. Einer Computer-Ära der *Calm Technologies* setzen Weiser und Brown die inzwischen kanonisierte Abfolge von Mainframe-Computern, Heim-PCs und den vernetzten PCs seit dem Internet voraus: Weiser/Brown 1995. Zum Computerkonzept bei Mark Weiser vgl. Alpsancar 2012.

14   Siehe als Gegenversuch dazu den von Florian Hadler und Joachim Haupt herausgegebenen Sammelband *Interface Critique*, in dem gerade die neue Unaufdringlichkeit von Interfaces mit der weichen Führung als *Guidance* konzipiert wird, um so einen Anschluss an Foucaults Kritik-Begriff der Gouvernementalität zu gewährleisten.

daher Roboterethiker wie der belgische Technikphilosoph **21**
Mark Coeckelbergh auch auf Bentham zurück, wenn es
um den Subjektstatus autonomer Maschinen geht (vgl.
Coeckelbergh 2014, 62). Die Frage nach dem Subjektstatus wird dann virulent, wenn Maschinen mit Menschen
umzugehen haben, sei es zu deren Unterwachung, sei es
als gleichberechtigte Partner: Wie soll die eigenständige
Lebensführung eines älteren Menschen ohne entsprechende Technologie zur Kontrolle der Vitalwerte (Schlaf-
rhythmen, Herzfrequenz, Blutzuckerwerte) gewährleistet
werden? Wie lässt sich eine Produktionsform beschreiben,
in der die Metapher von der Extension zur Beschreibung
des Verhältnisses Arbeiter/Maschine obsolet wird (und in
Abkehr von älteren Modellen wie dem Taylorismus und
dessen Medientechnologien fungiert)? All dies sind Fälle
einer freiwilligen Unterwachung als intendierter, aber
unauffälliger Achtsamkeit über die eigene Lebenswelt.

4. Neue Chefs

Zu einem der politisch-programmatischen Wortführer des
Unterwachens gehört auch der Computerwissenschaftler
und Gadget-Designer Steve Mann. Während bei Mann das
Unterwachen eine künstlerische Intervention gegen eine
zunehmende Überwachung des öffentlichen Raumes ist,
setzt das Unterwachen für Niklas Luhmann den gemeinsamen Entscheidungsprozess innerhalb von hierarchisch
strukturierten Organisationen voraus. Dieser kann nur
funktionieren, wenn die „Übertragung von Selektionsleis-
tungen" und ihre Kommunikation gelingen (Luhmann 2016,
98) – was in der Regel von oben nach unten geschieht und
– kybernetisch gesprochen – Feedbackschleifen zurück nach
oben impliziert.[15] Entscheidend für solche Übertragungen
ist die Verarbeitung von Unsicherheit.

Auf welcher Ebene wird Unsicherheit absorbiert? Bei
Behörden, die planen müßten, aber nicht können,

15   Zum Verhältnis Luhmanns zu der Kybernetik vgl. Rieger 2003, 292ff.

geschieht dies typisch zu weit unten. Denken Sie an
Kulturministerien oder den Entwicklungshilfeminister:
Die Verantwortung rutscht nach unten ab. Die Entscheidungen werden unten gemacht, die Vorgesetzten
auf eine Vermittlungsfunktion reduziert, was gerade bei
Untergebenen eher Resignation als Machtfreude auslöst. (Luhmann 2016, 100)

Um solche Entwicklungen von Behörden, deren Ent-
scheidungsvolumen die Hierarchieleiter hinabsinkt, zu
beschreiben, bedürfe es einer „Theorie der Unterwachung"
als einer „Kunst, Vorgesetzte zu lenken" (ebd. 100f.).[16] Auch
wenn Luhmann für eine Ausarbeitung solch einer Theorie
nicht viele Ansatzpunkte anbietet, so betont er zum Schluss
die „Autonomie der Einzelsituation" als Beobachtungsgegen-
stand (ebd., 102). Darunter fallen zeitliche und räumliche
Mikrokosmen der Intersubjektivität – Fragen etwa, wie
man seinen Vorgesetzten auf die falsche Wortwahl hinweist, welcher Toleranzrahmen für Interventionen von
Untergebenen gesetzt werden sollte, welche Rhythmen die
Sprechanteile zwischen Vorgesetzten und Untergebenen
haben sollten (ebd., 105). Kurzum: Luhmann stellt damit
die Hierarchie von Systemen einfach auf den Kopf. Was
auf diesen Ebenen als Unterwachen beschrieben wird, ist
das Auflösen einer Autorität ohne zugleich das Vertrauen
in das Organisationssystem selbst aufzuheben. Der Chef,
der sich – mal mehr, mal weniger bewusst – unterwachen
lässt, *vertraut* dem Untergebenen, sofern Letzterer
seine Informationen im Rahmen einer etablierten Kom-
munikationsstruktur vermittelt. Er bildet damit weiterhin
eine Autorität, kann aber die Komplexität der Vorgänge
seiner Organisation nicht mehr selbst vermitteln. Allein
eine „Ordnung kommunikativen Verhaltens" (2000, 69),
wie Luhmann es nennt, gewährleistet, dass die Ko-Präsenz
einer Unterwachung des Chefs und seiner Performanz als
Chef bestehen bleibt und komplexe Entscheidungen nicht

16   Der Originaltitel des Vortrages lautet: „Unterwachung oder Die Kunst,
      Vorgesetzte zu lenken".

an der Überforderung individueller Leistungsbereitschaft
scheitern.

So kehrt das kybernetische Feedback wieder ein in eine
Medienkulturwissenschaft, die sich – eben in Rückbezug
auf Foucaults Analyse des Benthamschen Überwachungs-
dispositivs – mit den machtkritischen Steuerungsmecha-
nismen von Systemen beschäftigt hat. Doch was bedeutet
dies für die Auseinandersetzung mit *anthropophilen Medien*?
Luhmanns Beispiel lässt sich aus seinem organisations-
soziologischen Rahmen zwar nicht direkt übertragen,
gleichwohl ist die Frage des kommunikativen Verhaltens in
mehrfacher Hinsicht anschlussfähig. Die oben erwähnte
soziale Codierung von Nähe, die Diskretisierung der
technischen Verkörperung sowie die Semantik um eine
nahtlose Verbindung zwischen dem Interface und dem
User sind Phänomene, die den kommunikativen Rahmen
des Unterwachens setzen. Das freiwillige Unterwachen
unterscheidet sich zwar von der schleichenden
Unterwachung eines Verantwortung delegierenden Vorgesetzten. Jedoch sollen auch für die hier genannten
anthropophilen Medien subtile Zugänge und latente Formen
der Intervention geschaffen werden, um das technisch
generierte Vertrauen in das System nicht zu unterlaufen. In
den Fallbeispielen, die im vorliegenden Band versammelt
werden, spielt nicht nur die Autorität eine Rolle, sondern
auch anthropologische Kernkonzepte wie Verantwortung,
Freiheit und Autonomie, mit denen der Diskurs um den
Einsatz von Pflegerobotern oder intelligenten Wohnungen
wie im Falle des *Ambient Assisted Living* aufgeladen werden.
Welche Erwartungshaltungen werden damit in Medien und
den ihnen zugrunde liegenden technischen Systemen projiziert? Welche diskursiven Muster erscheinen bei solchen
Aushandlungen einer neuen Reichweite medialer Agency
und dem gleichzeitigen Bemühen um die Konservierung
eines Sonderstatus des Menschen?

Unterwachen verweist dabei zunächst nicht auf einen
zunehmenden Lebenskomfort durch den Einsatz

„intelligenter" Objekte und Systeme in den eigenen vier Wänden oder am Arbeitsplatz. Unterwachen drängt – ausgehend von der Pulverisierung eindeutiger Mensch-Maschinen-Schnittstellen in die multiplen Interface-Schichten – auf eine Emergenz alternativer Modelle von Souveränität jenseits alter kulturkritischer Vorurteile. Dies zeichnet sich in den juristischen Diskursen zum autonomen Fahren ebenso ab wie in den diversen Szenarien digitaler Companions im Pflegesektor.[17] Die Technik ist gegeben, und fällt angesichts demographischer Notwendigkeiten nicht länger in den Zuständigkeitsbereich humanistischer Interventionen.

5. Mensch-Maschine-Körper

In diese These einer Souveränitätsverschiebung – und ohne in die suspekte Nähe eines unhintergehbaren *Uncanny Valleys* (Mori 2012 [1970], 99) zu gelangen – ist zum einen auch das Wissen einer Human-Computer-Interaction und ihrer User-Modelle verbunden, die sich vor allem aus den Bereichen der Kognitionswissenschaft, der Informatik, der Linguistik aber auch der Begriffsgeschichte von Leitmetaphern speisen (Hellige 2008, 16f.). Darüber hinaus wird mit dem Wandel des Computers als Objekt mit „Werkzeug- und Mediencharakter" zum quasisozialen Agenten ein Konzept in den Mittelpunkt gerückt, das seit den 2000er Jahren immer virulenter für die Interface-Forschung geworden ist: das Embodiment.[18] Bereits 2001 vereint der Computerwissenschaftler Paul Dourish die beiden Felder des sogenannten *Tangible Computing* mit dem *Social Computing* auf Grundlage eines Embodiment-Begriffes,

---

17 Vgl. hierzu in diesem Band die Artikel von Alpsancar und Andreas. Zur rechtlichen Debatte über autonome Fahrzeugsysteme und ihre Probleme in der deutschen Rechtsprechung vgl. Hilgendorf 2015. Zu einer ersten juristischen Ausdifferenzierung humaner und technischer Systemkomponenten in der Pflegewissenschaft vgl. Gunkel 2015. Zu ethischen Fragestellungen zur Handlungsmacht von Robotern in der angewandten Pflegewissenschaft vgl. Shim/Arkin 2015.

18 Vgl. dazu den Beitrag von Dawid Kasprowicz.

der neben der regelmäßigen Interaktion mit physischen
Objekten die Entwicklung von Beziehungen zwischen verkörperten, sozialen Agenten voraussetzt (Dourish 2001,
103).[19] Was bei Dourish als Legitimation dafür herhält,
eine Entwicklung von Interfaces vom Desktop-Bildschirm
über die *Virtual Reality* in die Epoche einer *Embodied Interaction* münden zu lassen, ist aus der Perspektive unserer
anthropophilen Medien weniger ein Endstadium, denn
der Beginn eines Fragekomplexes, wie er hier angeführt
wurde und in folgenden Beiträgen aus diversen Fallstudien
aufgegriffen wird. Das zunehmende Integrieren körperlicher Komponenten ins Interface-Design, die Ausweitung
technischer Sensorik und die damit einhergehenden
Varianten von (semi-)autonomen Robotern konstituieren
damit eine neue Epistemologie, die sich weder gänzlich in
der Computerwissenschaft, noch in der Human-Computer-
Interaction-Forschung oder der Kognitionswissenschaft
verankern lässt. Vielmehr sei hier ein multidisziplinäres Feld
innerhalb der heutigen Künstlichen Intelligenz (KI, oder AI
für *Artificial Intelligence*) zu verorten, dessen Anspruch es
ist, „generative Theorien menschlicher Informationsver-
arbeitungsprozesse" zu entwickeln (Görz, Schneeberger und
Schmid 2013, 2). Hinter solchen Termini steckt sowohl eine
wissenschaftshistorisch wie epistemologisch noch nicht auf-
gearbeitete Migration humanwissenschaftlicher Wissens-
felder in die Domäne der Informatik. Neologismen wie das
Body-Storming (Limbach et al. 2015), die *Psychonik*, die in
Anlehnung an die Bionik (der Konstruktion von Maschinen
nach dem Vorbild biologischer Systeme) entworfen wurde,
stellen somit keine Neuauflage oder gar ein Fortdenken
einer kognitionszentrierten KI dar. Stattdessen bilden sie
einen Komplex aus „erfahrungswissenschaftlichen Disziplinen" sowie anwendungsspezifischen Kategorien, für die

19   Dourish (2001) bezieht sich bei dieser Definition im Titel des Kapitels
     noch auf Martin Heidegger, wenn er von einem „Being-in-the-
     World" spricht, verweist aber für die Fundierung einer sozialen
     Beziehung von verkörperten Agenten auf Lucy Suchmans Konzept der
     „Situatedness", das in ihrem Buch zu *Human-Machine-Configurations*
     ausgearbeitet wurde (Suchman 2007 [1987]).

26 die Systeme entworfen werden (Görz/Schneeberger/Schmid 2013, 2). Folglich lassen sich *anthropophile Medien* nicht adäquat mit einer Fokussierung auf die Entwicklung und Optimierung von Algorithmen beschreiben. Sie implizieren bereits vor jeder algorithmischen Implementierung eine sozio-technische Situierung ethischer Fragen, die mit den spezifischen Anwendungskonstellationen auf- tauchen. Es ist dieser Kontext einer Migration erfahrungs- wissenschaftlicher Disziplinen sowie die körperorientierte Interface-Gestaltung, die den operierenden Menschen in das neue Feld einer „teilsouveränen Agency" rücken, wie es die Medienwissenschaftlerin Karin Harrasser formuliert.[20] Gerade solche offenen und unabgeschlossenen Agency- Konstellationen, die das Operieren vernetzter Objekte jenseits des Bewusstseins implizieren, können eine Akteur-Netzwerk-theoretische Annäherung an ihre Grenzen führen. Soll einem Roboter oder seinen Algorithmen, seinen sensorischen Einheiten oder dem Modell die Agency zuge- schrieben werden? Sind für die juristische Regulierung von Zuschreibung und Haftung Fiktionen wie die einer elektronischen Person zielführend? (vgl. Beck 2013, ferner: Anderson/Anderson 2011). Die Übersetzungsketten sind hier nicht mehr linear, vielmehr überlagern sie sich, sodass Agencies nicht mehr klar zugeschrieben werden können oder nicht mehr zuzuschreiben sind.

Damit kehrt dann auch der Körper zurück in das, was wir hier als Unterwachung beschreiben. In *Überwachen und Strafen* hatte Foucault noch eine Genealogie der Bestrafung weg von den Körpern zur Kontrollgesellschaft entlang der Entwicklung moderner Staaten beschrieben. Für die *Surveillance Studies* ist das Konzept der Kontrollgesellschaft

---

20   Harrasser (2013) bezieht sich bei diesem Terminus besonders auf Fälle der Extensionen von Körpern durch moderne, umweltsensible oder materiell-elastische Prothesen. Vor dem Hintergrund einer Integration des Andren in die vertraute Sphäre einer Eigenleiblichkeit – mit all ihren phänomenologischen Konnotationen – erscheint der Term hier ebenso anwendbar zu sein für das Feld der *anthropophilen Medien.*

wirkmächtig geworden, und so definierten diese Überwachung lange als disziplinierend und kontrollierend (vgl. Bauman/Lyon 2013, 70f.). Demzufolge bezeichnen medienwissenschaftliche Publikationen zur Nähe diese dann auch eher als eine soziale Nähe oder als Vergegenwärtigung in Überwindung räumlicher Distanzen (vgl. Abend et al. 2012). Der Körper hat jedoch, gerade entlang der Notwendigkeiten haptischer und taktiler sowie zunehmend intuitiver und unsichtbarer Schnittstellen (und nicht zuletzt der eingangs beschriebenen Unterwachung von Vitalfunktionen) stetig an Gewicht gewonnen. Mit der zunehmenden Pervasion künstlicher Intelligenzen in lebenskritische Bereiche wie der Medizin, dem Pflegebereich, dem Fernverkehr und dem Krieg drängen sich nicht zuletzt ethische Fragen nach der Handlungsmacht von Maschinen auf (vgl. Gunkel/Bryson 2014). *Anthropophile Medien* gehen demnach auch immer mit dem Körper um, jedoch nicht in einem Rückfall hinter Benthams Panopticon, dessen Pointe ja gerade in der Körperlosigkeit der Unterwachung liegt. Vielmehr loten sie die veränderten Konfigurationen neuer Mensch-Maschinen aus, und tangieren somit auch post- oder transhumanistische Szenarien, deren mediale Settings Vorstellungen von prothetischer Erweiterung längst hinter sich gelassen haben (vgl. Rieger 2017). Vor diesem Hintergrund steht zur Disposition, was der Jurist Jens Kersten mit Blick auf ein entsprechend verändertes Verständnis von Autonomie in Frage gestellt hat: die Konsistenz des Menschlichen (Kersten 2017).

Ein herzlicher Dank geht an die DFG-Kollegforschergruppe „Medienkulturen der Computersimulation" (MECS) der Leuphana Universität Lüneburg für die Unterstützung des Vorhabens wie auch bei der Durchführung dieses Sammelbandes.

Literatur

Abend, Pablo/Haupts, Tobias/Müller, Claudia (Hg.) 2012. *Medialität der Nähe: Situationen–Praktiken–Diskurse*. Bielefeld: Transcript.

Alpsancar, Suzana 2012. *Das Ding namens Computer: Eine kritische Neulektüre von Vilém Flusser und Mark Weiser*. Bielefeld: Transcript.

Anderson, Michael/Anderson, Susan Leigh (Hg.) 2011. *Machine Ethics*. Cambridge: Cambridge University Press.

Andreas, Michael/Kasprowicz, Dawid/Rieger, Stefan 2016. „Technik | Intimität: Einleitung in den Schwerpunkt." In: *Zeitschrift für Medienwissenschaft* 15, 10–17.

Bauman, Zygmunt/Lyon, David 2013. *Daten, Drohnen, Disziplin: Ein Gespräch über flüchtige Überwachung*. Frankfurt/Main: Suhrkamp.

Bell, Gordon 2015. „Counting Every Heart Beat: Observations by a Quantified Selfie" (= *Technical Report, MSR-TR-2015-53*). Microsoft Research, Silicon Valley Laboratory.

Beck, Susanne 2013. „Über Sinn und Unsinn von Statusfragen zu Vor- und Nachteilen der Einführung einer elektronischen Person." In: Hilgendorf, Eric/Günther, Jan-Philipp (Hg.): *Robotik und Gesetzgebung: Beiträge der Tagung vom 7. bis 9. Mai 2012*. Baden-Baden: Nomos, 239–262.

Coeckelbergh, Mark 2014. „The Moral Standing of Machines: Towards a Relational and Non-Cartesian Moral Hermeneutics." In: *Philosophy & Technology* 27 (1), 61–77.

Dijck, José van 2014. „Datafication, Dataism and Dataveillance: Big Data between Scientific Paradigm and Ideology." In: *Surveillance & Society* 12 (2), 197–208.

Dourish, Paul 2001. *Where the Action Is: Foundations of Embodied Interaction*. Cambridge, MA: MIT Press.

Foucault, Michel 1994 [1977]. *Überwachen und Strafen: Die Geburt des Gefängnisses*. Frankfurt/Main: Suhrkamp.

Foucault, Michel 2006. *Geschichte der Gouvernementalität*. 2 Bd. Frankfurt/Main: Suhrkamp.

Foucault, Michel 2012. *Schriften zur Medientheorie*. Frankfurt/Main: Suhrkamp.

Gemmell, Jim/Williams, Lyndsay/Wood, Ken Wood et al. 2004. „Passive Capture and Ensuing Issues for a Personal Lifetime Store." Vortrag: *Proceedings of the First ACM Workshop on Continuous Archival and Retrieval of Personal Experiences* (CARPE '04), New York.

Galloway, Alexander 2012. *The Interface Effect*. Cambridge: Polity Press.

Görz, Günter/Schneeberger, Josef/Schmid, Ute (Hg.) 2013. *Handbuch der künstlichen Intelligenz*. Berlin: De Gruyter.

Gunkel, David J./Bryson, Joanna 2014. „The Machine as Moral Agent and Patient: Introduction to the Special Issue on Machine Morality." In: *Philosophy & Technology* 27 (1), 5–8.

Gunkel, David J. 2015. „The Rights of Machines: Caring for Robotic Care-Givers." In: van Rysewyk, Simon Peter/Pontier, Matthijs (Hg.): *Machine Medical Ethics*. Heidelberg/New York/Dordrecht/London: Springer, 151–166.

Hadler, Florian/Haupt, Joachim (Hg.) 2016. *Interface Critique*. Berlin: Kadmos.

Harrasser, Karin 2013. *Körper 2.0: Über die technische Erweiterbarkeit der Maschine*. Bielefeld: Transcript.

Hellige, Hans-Dieter 2008. „Krisen- und Innovationsphasen in der Mensch-Computer-Interaktion." In: ders. (Hg.): *Mensch-Computer-Interface: Zur Geschichte und Zukunft der Computerbedienung*. Bielefeld: Transcript, 11–94.

Hilgendorf, Eric 2015. „Recht und autonome Maschinen – ein Problemaufriß." In: ders./Hötitzsch, Sven (Hg.): *Das Recht vor den Herausforderungen der modernen Technik*. Baden-Baden: Nomos Verlag (= Robotik und Recht, Band 4), 11–40.

Kersten, Jens 2017. „Die Konsistenz des Menschlichen: Post- und trans-humane Dimensionen des Autonomieverständnisses." In: Bumke, Christian/Röthel, Anne (Hg.): *Autonomie im Recht: Gegenwartsdebatten über einen rechtlichen Grundbegriff*. Tübingen: Mohr Siebeck, 315–352.

Kaerlein, Timo 2016. „Intimate Computing: Zum diskursiven Wandel eines Konzepts der Mensch-Computer-Interaktion." In: *Zeitschrift für Medienwissenschaft* 15, 30–40.

Kammerer, Dietmar/Waitz, Thomas 2015. „Überwachung und Kontrolle: Einleitung in den Schwerpunkt." In: *Zeitschrift für Medienwissenschaft* 13, 10–20.

Kling, Marc-Uwe et al. 2012. *Über Wachen und Schlafen: Systemrelevanter Humor. Das Lesedünenbuch*. Leipzig/Dresden: Voland & Quist.

Lambert, Alex 2016. „Bodies, Mood and Excess: Relationship Tracking and the Technicity of Intimacy." In: *Digital Culture and Society* 2 (1), 71–88.

Limbach, Tobias/Kim, Kathrin/Köppen, Jan/Klein, Peter 2015. „Bodystorming als Best Practice Methode für die Entwicklung von AAL-Lösungen." In: Endmann, Anja/Fischer, Holger/Krökel, Malte (Hg.): *Mensch und Computer 2015 – Usability Professionals*. Berlin: De Gruyter Oldenbourg, S. 123–132.

Ludden, Geke D. S./Meekhof, Linda 2016. „Slowing down: introducing calm persuasive technology to increase wellbeing at work." Vortrag: *OzCHI '16 Proceedings of the 28th Australian Conference on Computer-Human Interaction*. Launceston, Tasmania.

Luhmann, Niklas 2000. *Vertrauen: Ein Mechanismus der Reduktion sozialer Komplexität*. Stuttgart: UTB.

Luhmann, Niklas 2016. *Der neue Chef*. Frankfurt/Main: Suhrkamp.

Mann, Steve/Nolan, Jason/Wellman, Barry 2003. „Sousveillance: Inventing and Using Wearable Computing Devices for Data Collection in Surveillance Environments." In: *Surveillance and Society* 1 (3), 331–355.

Mann, Steve 2016. „Surveillance (Oversight), Sousveillance (Undersight), and Metaveillance (Seeing Sight Itself)." Vortrag: *IEEE Conference on Computer Vision and Pattern Recognition Workshops (CVPRW)*. Seattle, WA.

McLuhan, Marshall/Fiore, Quentin 1967. *The Medium is the Massage*. New York: Bantam Books.

Meißner, Stefan 2015. „Ungeplante Selbstverhältnisse: Quantified Self als Phänomen jenseits von Steuerung und Planung." In: Matthias Koch et al. (Hg.): *Planlos: Zu den Grenzen von Planbarkeit*. Paderborn: Wilhelm Fink, 137–150.

Meißner, Stefan 2016. „Der vermessene Schlaf: Quantified Self und Wissenschaftsgeschichte in der Spannung von Disziplinierung und Emanzipation." In: Duttweiler, Stefanie et al. (Hg.): *Leben nach Zahlen: Self-Tracking als Optimierungsprojekt?* Bielefeld: Transcript, 325–346.

30   Mevissen, Floris 2014. „Meet the Insideables." In: *Scienceofthetime.com*. Siehe:
http://scienceofthetime.com/2014/10/05/meet-insideables/ (gesehen am
12.05.2017)

Mori, Masahiro 2012 [1970]. „The Uncanny Valley." In: *IEEE Robotics & Automation Magazine* 19 (2), 98–100.

Picard, Rosalind 2003. „Affective Computing: Challenges." In: *International
Journal of Human-Computer Studies* 59 (1–2), 55–64.

Polanyi, Michael 2016. *Implizites Wissen*. Frankfurt/Main: Suhrkamp.

Pühl, Katharina 2009. „Zur ‚Kritik' bei Foucault." In: Dumbadze, Devi et al.
(Hg.): *Erkenntnis und Kritik: Zeitgenössische Positionen*. Bielefeld: Transcript,
59–68.

Rieger, Stefan 2003. *Kybernetische Anthropologie: Eine Geschichte der
Virtualität*. Frankfurt/Main: Suhrkamp.

Rieger, Stefan 2017. *Die Enden des Körpers: Versuch einer negativen Prothetik*.
Wiesbaden: Springer (im Druck).

Rölli, Marc/Nigro, Roberto (Hg.) 2017. *Vierzig Jahre „Überwachen und Strafen":
Zur Aktualität der Foucault'schen Machtanalyse*. Bielefeld: Transcript.

Sano, Akane/Phillips, Andrew J./Yu Amy Z. et al. 2015. „Recognizing Academic
Performance, Sleep Quality, Stress Level, and Mental Health using Per-
sonality Traits, Wearable Sensors and Mobile Phones." Vortrag (Draft):
Body Sensor Networks. Cambridge, MA.

Sano, Akane 2016. *Measuring College Students' Sleep, Stress, Mental Health
and Wellbeing with Wearable Sensors and Mobile Phones*. Dissertation:
Massachusetts Institute of Technology, Cambridge, MA.

Scheutz, Matthias 2011. „The Inherent Dangers of Unidirectional Emotional
Bonds between Humans and Social Robots." In: Lin, Patrick et al. (Hg.):
Robot Ethics: The Ethical and Social Implications of Robotics. Cambridge, MA:
MIT Press, 205–221.

Shim, Jaeeun/Arkin, Ronald C. 2015. „An Intervening Ethical Governor for a
robot mediator in patient-caregiver relationship: Implementation and
Evaluation." In: Aldinhas Ferreira, Maria et al. (Hg.): *A World with Robots:
International Conference on Robot Ethics: ICRE 2015 Conference Proceedings*.
Cham: Springer, 77–92.

Sloterdijk, Peter 2012. *Du mußt dein Leben ändern: Über Anthropotechnik*.
Frankfurt/Main: Suhrkamp.

Sprenger, Florian/Engemann, Christoph (Hg.) 2015. *Internet der Dinge: Über
smarte Objekte, intelligente Umgebungen und die technische Durchdringung
der Welt*. Bielefeld: Transcript.

Stauff, Markus 2005. *‚Das neue Fernsehen': Machtanalyse, Gouvernementalität
und Digitale Medien*. Münster: Lit Verlag.

Stingelin, Martin/Thiele, Matthias (Hg.) 2009. *Portable Media: Schreibszenen in
Bewegung zwischen Peripatetik und Mobiltelefon*. München: Wilhelm Fink.

Suchman, Lucy 2007 [1987]. *Human-Machine Reconfigurations: Plans and
Situated Actions*. Cambridge: Cambridge University Press.

Vincent, Jane/Taipale, Sakari/Sapio, Bartolomeo et al. (Hg.) 2015. *Social Robots
from a Human Perspective*. Cham, Ann Arbor, MI: Springer ProQuest.

Weiser, Mark/Brown, John Seely 1995. „Designing Calm Technology." In: *Xerox*   **31**
     PARC. Siehe: http://www.ubiq.com/hypertext/weiser/calmtech/calmtech.
     htm (gesehen am 23.05.2017).
Zuanon, Rachel 2013. „Designing Wearable Bio-Interfaces: A Transdisciplinary
     Articulation between Design and Neuroscience." In: Stephanidis, Con-
     stantine/Antona, Margherita (Hg.): *Universal Access in Human-Computer
     Interaction: Design Methods, Tools, and Interaction Techniques for EInclusion*.
     (= UAHCI 2013 Conference Proceedings). Berlin, Heidelberg: Springer,
     297–303.

AFFECTIVE COMPUTING

AFFECTIVE INTERFACES

AFFECTIVE DESIGN

2

Die Kunst des Überlistens: Über Affective Computing

Anna Tuschling

Affective Computing ist ein immer noch vergleichsweise junger Zweig der Technikentwicklung, der es sich zum Ziel gesetzt hat, Maschinen mit Emotionen „auszustatten". Um einen emotionalen Mensch-Maschine-Dialog zu ermöglichen, werden hierbei die Erkenntnisse der Emotionspsychologie in der Computerentwicklung angewandt: Sensorbestückte Digitalrechner sollen auf diesem Wege die affektiven Zustände ihrer Nutzer auslesen und umsetzen lernen. Der Beitrag will nachverfolgen, dass jene Objekte, die in diesem Kontext als „menschliche Emotionen" und „Affekte" behandelt werden, keine gesetzten Größen sind, sondern primär Artikulationen technisch-wissenschaftlicher Entwicklung.

Anhand von beispielhaften Projekten und Tendenzen skizziert der Beitrag, wie und welche humanwissenschaftlichen Wissensbestände in die praktische Schnittstellenentwicklung migrieren. Affective Computing bedeutet nämlich zunächst und im Kern die Entwicklung und Etablierung affektiver und affektsensitiver Interfaces, die nicht so sehr überwachen, sondern eher überlisten sollen.

Spracherkennungsprogramme und digitale Assistenten wie „Siri" und „Alexa", Emotionale Robotik, Animationen und Erkennungstechniken sind nur einige Beispiele, die die großen Fortschritte digitaler Medien im Bereich der Handhabung von Emotionen belegen. Innerhalb der Computerentwicklung hat das Affective Computing es sich zur besonderen Aufgabe gemacht, Computer in diesem Sinne emotional intelligent werden zu lassen. Affective Computing nutzt die physiologischen Daten seiner Nutzerinnen und Nutzer, um den Verlauf der Rechneranwendungen und den Programmablauf daran auszurichten. Stellt sich optisch für den Computer erkennbare Langeweile beim Nutzer ein, dann wechselt das Lernprogramm zu anregenderen Themen. Reagiert jemand in der Spieleumgebung zunehmend aggressiv, versucht der Rechner für Beruhigung zu sorgen usw. usf. Emotionen und Affekte dienen im Affective Computing als Kommunikationstools zwischen Rechnern und ihren Nutzern. Einer medien- und wissensgeschichtlichen Betrachtung bietet sich das affektive Computing an, weil es gerade keine erlebten, subjektiven Gefühlszustände oder innere Reflektionen verwendet, wie die Psychologie und Philosophie sie thematisieren, sondern weil es ausdrücklich *Affektive Kommunikation* untersuchen und optimieren will:

Emotions are like thoughts in that they rely upon
words, gesture, music, behavior, and other creative
forms of expression for their communication. Affective
Communication occurs in the physical world through
the senses, whether the message is conveyed through
a sound pressure waveform, a visible motion, or via
mediating instruments such as physiological sensors.
(Picard 2000, 165)

Deckt sich die Definition der Emotionen wie bei der
Pionierin des Affective Computing, Rosalind Picard, mit
körperlichen Ausdrucksweisen, so lassen sich diese über
Schematisierungen zuordnen, vom Computer erfassen
und auch wiedergeben. Im Affective Computing werden
Gesichtsspiel und Bewegungsmuster des Menschen auf
sehr verschiedenen Anwendungsgebieten – angefangen
vom Gaming bis hin zur Sicherheitstechnik – in ihrer emotionalen Geltung per Sensor ausgelesen, digital verarbeitet
und simuliert. Affective Computing lässt sich der These
nach jedoch weder als neuartige Anthropomorphisierung
digitaler Medien noch allein als Überwachungstechnik
verstehen. Vielmehr erörtert der Beitrag, wie Affective
Computing mit einem Konzept der *Sousveillance* begriffen
werden kann, das Stefan Rieger u. a. vorschlagen, um das
unablässige Datensammeln der noch so unscheinbaren Programme, Tools und digitalen Nutzgeräte zu beschreiben (vgl.
Andreas/Kasprowicz/Rieger 2016). Affective Computing lässt
sich in vielen Fällen eher als listig charakterisieren, denn als
beherrschend und kontrollierend.

Ziele, Sprache und Bilder des Affective Computing

Der Informationsphilosoph Luciano Floridi benennt zwei
„fundamentale Fragen", die seines Erachtens dem Feld
des Affective Computing zugrunde liegen (vgl. Floridi 2015,
205): Zum einen die Frage, ob und wie Computer menschliche Emotionen aufnehmen und auf human-emotionales

Verhalten reagieren können, zum anderen die weitergehende Frage, ob die Entwicklung einer starken Künstlichen Intelligenz (KI) auch die Entstehung eines emotionalen Erlebens umfasst. Ähnlich wie im Falle der KI lassen sich mit und über Floridi hinaus gleichsam eine starke und eine schwache Variante des Affective Computing unterscheiden. Während das schwache Affective Computing die Emotions- und besonders die Gesichtserkennung voranbringt, hofft das starke Affective Computing darauf, Computer einstmals mit Gefühlen zu versehen. Die Unterschiede zwischen einer schwachen und einer starken Variante des Affective Computing haben bislang jedoch nie dasselbe Gewicht erhalten wie im Feld der KI-Forschung an sich, von dem sie strenggenommen einen Teil darstellen.

In allen Varianten des Affective Computing wird eine Art Dialog zwischen Mensch und künstlichem Begleiter mitgedacht und entsprechend metaphorisiert, so dass es den Bestand an Metaphern digitaler Medien kontinuierlich bereichern hilft (vgl. Bickenbach 2009). Digitale Medien gelten nicht mehr ausschließlich als „neue, virtuelle Räume", es sind aus heutiger Perspektive auch keine reinen „Informationsautobahnen" (Gore 1993) oder zu navigierende „Datenmeere" mehr. Schlicht „Netzwerke" (Castells 2005, Benkler 2006) sollen Internet und digitale Objekte jedoch auch nicht länger darstellen, sondern bei den kommenden Medien ist seit wenigen Jahren die Rede von neuen Atmosphären (vgl. Galloway/Thacker 2007, Hansen 2011), Infosphären (Floridi 2015), Elementen, ökologischen Systemen, Milieus (Sprenger 2012), Infrastrukturen (Schüttpelz/Gießmann 2015) oder einfach Gefährten. Es fällt auf, dass im Bereich der Medienbeobachtung bei der Wahl der Sprachbilder und Begrifflichkeiten eine wichtige Verschiebung in Richtung erste Natur stattgefunden hat. Soll diese Verschiebung auch keinesfalls überbetont werden, so ist sie für das Verständnis des Affective Computing durchaus von Bedeutung. Man begreift Digitale Medien, Computer, das Internet, digitale Objekte und Roboter nicht mehr länger als Tore in eine andere Realität, die der alten

Wirklichkeit Konkurrenz machen soll. Im selben Zuge,
wie digitale Medien als integraler Teil des Alltags und der
erlebten Umgebung konzeptioniert werden, spielen auch
ihre Oberflächen sowie die Interaktion und Kommunikation
mit ihnen in den medien- und kulturwissenschaftlichen
Überlegungen wieder eine größere Rolle (vgl. Zeitschrift für
Medienwissenschaft 15, 2016). Besondere Bedeutung hat die
affektive Gestaltung dieser Interfaces und Austauschmodi,
weil sie zur Dialogfähigkeit der Maschinen maßgeblich
beitragen und damit alte Ansprüche der KI auf Intelligenz,
Denkfähigkeit und nun auch Emotionalität von Computern
erneuern.

Die Konjunkturen des Affekts in Humanwissenschaft und Computing seit 1990

Betrachtet man die gegenwärtigen Entwicklungen im
Bereich der experimentellen Computerentwicklung, so
fallen besonders das Wachstum des Intelligenten Designs,
des Cognitive Computing und schließlich des Affective
Computing innerhalb des letzten Jahrzehnts auf. Die rasante
Bedeutungszunahme dieser Strategien zeigt sich sowohl
an der wachsenden Zahl von Publikationen (vgl. Calvo 2015,
IEEE 2010) und Forschungseinrichtungen als auch an den
populärkulturellen Thematisierungen[1] und wirtschaftlichen
Anwendungen[2]. Dabei bezeichnet das Affective Computing
keinen fest umrissenen Forschungsansatz, sondern eher
eine multiperspektivische Absicht, bei der avancierten
Computerentwicklung Emotionen zu berücksichtigen. Im
Gründungsmemorandum des Affective Computing schreibt
die MIT-Ingenieurin Rosalind Picard 1995 über den Affekt-
erwerb der Maschinen: „Computers are beginning to acquire

---

1   *Lie to Me* (Fernsehserie, USA, 2009–2011, Fox) und in gewisser Weise
    auch: *Inside Out* (Spielfilm, USA, 2015, Pixar Studios).
2   Vgl. etwa Affdex: http://www.affectiva.com/ oder die Angebote von
    Imotions: https://imotions.com/ (beide gesehen am 07.07.2017).

38   the ability to express and recognize affect, and may soon
be given the ability to ‚have emotions'" (Picard 1995, 1). Als
Picard Mitte der Neunzigerjahre vorschlug, Computer quasi
mit emotionalem Spürsinn zu versehen, war das World Wide
Web gerade im Entstehen und der tägliche Umgang mit
digitalen Medien noch nicht für alle Menschen selbst der
sogenannten westlichen Welt zur Gewohnheit geworden.
Das MIT-Memorandum ist darum zunächst einmal auch
als rhetorische Strategie zu verstehen, die tatsächlich
unmittelbar erfolgreich war und die Einrichtung einer
Arbeitsgruppe zum Thema begleitete.[3] Erst gut zehn Jahre
später hob das Affective Computing ab, sobald die technische Infrastruktur und insbesondere Sensoren dazu fähig
waren, kontinuierlich große Mengen an Messdaten zu liefern
und die anfallenden Datenströme zu handhaben. Im Falle
des Affective Computing kann man von einem regelrechten
Moratorium der Technik sprechen. Erst nach der erheblichen
Verzögerung von fünfzehn Jahren kam es um 2010 herum
zu einer deutlichen Verbreiterung des Ansatzes unter den
neuen technischen Bedingungen. Affective Computing
nimmt inzwischen für sich in Anspruch, der Psychologie eine
neue Sensor- und Wearable-Technik[4] gegeben zu haben, so
dass in der Folge Labor und Alltag in eins fallen werden:[5]
„Affective Computing's emphasis on measuring emotion
outside the lab has provided sensors that are comfortably
wearable day and night for months" (Picard/Fedor/Ayzen-
berg 2016, 72).

Die Folgen dieser Entwicklung für die Verhaltensforschung
und Psychologie sind noch nicht abzusehen, aber in ihrer
Bedeutung sind die neu gewonnenen Möglichkeiten, ein
Experiment außerhalb des Labors Tag und Nacht über lange

3   Online zu finden unter http://affect.media.mit.edu/areas.php
     (gesehen am 07.07.2017).
4   Vgl. für die unheimliche Konvergenz von AC und Sousveillance-
     Bewegung Mann/Nolan/Wellmann 2003.
5   Es macht hierbei Werbung für die eigenen Firmen. Vgl. für Product
     Placement in Peer-Review-Papers Picard/Fedor/Ayzenberg 2016.

Zeiträume durchführen zu können, schon jetzt kaum zu
überschätzen.

Zunächst entwickelte sich das Affective Computing
jedoch als Ableger der Emotionswende innerhalb der
Neurowissenschaft. Picard schließt sich mit ihrer Rhetorik
und programmatischen Feststellung, Computer würden die
Fähigkeit der Expression und Emotionserkennung erwerben
oder sogar bald selbst Emotionen „haben", dezidiert einer
Forschungsrichtung in der Kognitionsforschung, der Psychologie und Neurowissenschaft dieser Zeit an. Affective
Computing nutzt den Emotional Turn der Hirnforschung
im Anschluss an Antonio Damasios (1995) spektakuläre
Betonung des Gefühls, um nun den Affekt bzw. die Emotion
als vergessenes Element des Computing – bei der Nutzer-
unterstützung und auch bei der Problemlösefähigkeit und
Entscheidungsfindung – in den Blick zu rücken. Über das
Verhältnis von Emotionen und Wissenschaft schreibt Picard
im Anschluss an Damasio zugespitzt, Emotionen wären bislang bestenfalls von marginaler Bedeutung gewesen (vgl.
Picard 1995, 1). Geht es der vorliegenden Betrachtung auch
keinesfalls darum, die Frage des Emotional Turns erneut zur
Sprache zu bringen, so wird für die mediengeschichtliche
Betrachtung an Picards Argumentation doch Folgendes
deutlich: Affective Computing lässt sich in den Neunziger-
jahren – konzeptionell, strategisch und theoretisch – von
den technisch gestützten Human- und Neurowissenschaften
leiten, um die Computergestaltung bzw. die brachliegende
KI zu verändern. Mehr noch machte es sich das Affective
Computing zur Aufgabe, die humanwissenschaftlich
ermittelten Ergebnisse, was eine menschliche Emotion und
ein Affekt sei, unmittelbar ingenieurstechnisch anzuwenden
(vgl. Picard 2000, 167ff.).

Dies ist ein ganz entscheidender Punkt, denn er verdeutlicht
nicht nur den *Affekt* im Affective Computing – der einzig
und allein der darstell- und reproduzierbare Affekt einer
technikgestützten und quantitativen Emotionsforschung
sein kann und sein muss – sondern auch die mehrfache

Wirkung des Affective Computing, das eben gerade nicht die Technik anthropomorphisiert und den Menschen technisiert. Vielmehr verkörpern und dynamisieren Ansätze des Affective Computing das Wechselspiel zwischen Technik und Wissenschaft: Eine der Technik (der Messtechnik, aber gerade auch der Photographie, dem Film, den digitalen Medien) verpflichtete Humanforschung diskretisiert,[6] standardisiert und quantifiziert in Myriaden an Versuchsanordnungen und Tests den menschlichen Affekt, um nun ihre Ergebnisse dem Computing als für die Maschine verstehbaren Affekt zur Verfügung stellen zu können. Insofern ist es nur konsequent, dass Computing und Grundlagenforschung im Bereich des emotionalen Verhaltens ununterscheidbar geworden sind, wie Picards Publikationsverhalten in psychologischen Organen es belegt. Die Psychologie und Technikgeschichte spielen auf eine besondere Weise zusammen, wie gleich näher erörtert wird. Wissensgeschichtlich gesehen aber stellt sich der interdisziplinäre Schnittbereich Affective Computing im Rückblick als mindestens ebenso wichtiger Part der Emotionswende dar wie bahnbrechende Neuentdeckungen in der Hirnforschung und Philosophie seit 1990. Es wird mittel- und langfristig gesehen möglicherweise die Technik selbst sein, für die alle erarbeiteten Diskurse über Körper, Emotion und Affekt brauch- und verwertbar geworden sein werden.

Psychologie und Technikgeschichte

Die Psychologie besonders im deutschsprachigen und angloamerikanischen Raum versteht sich seit jeher eher als Naturwissenschaft und weniger als Geisteswissenschaft. Mit überwiegend quantitativen Methoden untersucht man seit der Gründung des ersten „Instituts für experimentelle Psychologie" durch Wilhelm Wundt in Leipzig vor mehr als hundert Jahren auf experimentalwissenschaftlicher Basis das Erleben und Verhalten des Menschen in Alltag,

---

6   Diesem Problem ist sich das AC durchaus bewusst: Vgl. Picard 2000, S. 168f.

Klinik, Wirtschaft und Bildung.[7] Verbindet die Psychologie selbst ihre Wissenschaftlichkeit gerade mit ihrer
starken empirischen Ausrichtung, so gereicht diese ihr in
den Augen der Wissenschaftsforschung nicht immer zum
Vorteil. Georges Canguilhem stellt in einem Vortrag, den
er 1956 am Collège Philosophique gehalten hat, bezogen
auf die Verfassung und Genese des Faches Psychologie
die Grundsatzfrage „Was ist die Psychologie?", die sich im
Zeitalter des Affective Computing als hochaktuell erweist.
Im Gegensatz zur Philosophie als fragender Wissenschaft,
die ihre Kraft gerade daraus schöpfe, dass Diskussionen
über ihr Wesen oder ihren Begriff ständig neu entstehen,
müsse sich die Psychologie als wissenschaftliche Grundlage einer spezifischen beruflichen Tätigkeit – derjenigen
der Diplompsychologin – dadurch bedroht fühlen, dass ihre
Identität befragt oder wie in einem Ritus regelmäßig nieder-
gerissen und wieder errichtet werde (vgl. Canguilhem 2012
[1958], 219). Durch die Frage „Was ist Psychologie?" stehe
kurzum die „Existenz des Psychologen selbst" in Frage,
weil dieser nicht mehr angeben könne, was er tue und wie
es um die Wirksamkeit seines Tuns bestellt ist, wenn nicht
feststeht, was er ist (vgl. ebd.). Mit diesen Feststellungen
liefert Canguilhem zugleich die Begründung dafür, warum
sich in Fächern wie der Psychologie ein ganz spezifisches
Verständnis von Empirie und ein Objektivitätsbegriff
haben entwickeln können, die sich in der Regel rein halten
wollen von den Spuren der technischen und anderweitigen
Bedingungen ihrer selbst. Erfahrung wird zwar nicht
wie bei Gadamer in jeder Rohform zum Instrument der
psychologischen Forschung, aber gerade in der Psychologie besteht die Notwendigkeit, Erfahrung, Verhalten und
Erleben für dem empirischen Zugriff vorausgehende und
von diesem unabhängige, reale Größen und Weisen zu
halten.

7   Vgl. für die Bedeutung der Völkerpsychologie für die Begründung
     einer eigenständigen Psychologie auch Wundt 1904.

42   Canguilhem bereitet damit die hier diskutierte medien-
und wissensgeschichtliche Untersuchungsrichtung vor,
wonach die Psychologie aufgrund ihrer Geschichte und
wissenschaftlichen Anlage geneigt sein muss, die medialen
Möglichkeitsbedingungen ihrer selbst von ihren Erkennt-
nissen fernzuhalten. Allein durch ihr wissenschaftliches
Fundament und psychologische Theorie, so Canguilhem
weiterhin, können moderne Therapieformen und Testver-
fahren einen Unterschied ihrer selbst zu Quacksalberei,
Okkultismus und Aberglauben behaupten. Diesem fast
verzweifelten Wunsch, Naturwissenschaft zu sein und ihr
naturgemäß windiges, wechselhaftes Objekt – nämlich
Erleben, Verhalten und Erfahrung des Menschen – als Teil
der *hard sciences* zu etablieren, steht der Zustand einer
immer noch jungen und sehr spezifischen Wissenschaft entgegen, über die Canguilhem hart urteilt:

> Der Status der Psychologie ist nämlich nicht derart fest-
> gelegt, dass man sie für mehr halten könnte als einen
> bunt gemischten Empirismus, der im wahrsten Sinne
> des Wortes zu Lehrzwecken auf einen Nenner gebracht
> wurde. Viele psychologische Arbeiten hinterlassen
> tatsächlich den Eindruck, dass sie einer Philosophie
> ohne Strenge eine Ethik ohne Anforderung und eine
> Medizin ohne Überprüfbarkeit beimischen. (Ebd.)

Die Frage „Was ist Psychologie?" stellt sich für den in dieser
Hinsicht sensibilisierten Wissenschafts*historiker* Canguilhem
als eine, die nicht ohne ihre geschichtlichen Wendungen
zu beantworten sein wird – und dies ist ebenfalls für die
jetzigen Entwicklungen im Bereich der Emotionsforschung
geltend zu machen.[8] Aus französischer Perspektive vermag
Canguilhem die Landkarte der Psychologie aufzuteilen in
die Psychologie als Naturwissenschaft, die Psychologie
als Wissenschaft der Subjektivität und die Psychologie
als Wissenschaft der Reaktionen und des Verhaltens. Die
Psychologie als Wissenschaft der Subjektivität zerfällt in

---

8   Vgl. für die fachliche Binnenperspektive Dalgleish/Barnaby/Mobbs
2009.

die Physik des äußeren Sinns sowie in die Wissenschaft des
inneren und des intimen Sinns.

Was Canguilhem an anderer Stelle und wiederholt für
die Biologie – im Vorgriff auf sie als Grundlage heutiger
Lebenswissenschaften – stark macht, das gilt in abge-
wandelter Form auch für die historische Psychologie. Die
autonom gewordene Biologie zeuge von der Rückwirkung
des Objektes des Wissens auf die Konstitution jenes
Wissens, welches wiederum auf die Natur dieses Objektes
abziele (vgl. Canguilhem 2009 [1980], 68). Die Wissen-
schaftshistoriker und Medienwissenschaftler Cornelius
Borck, Volker Hess und Henning Schmidgen heben an
Canguilhems Fokussierung auf die Lebenswissenschaften
hervor, dass der „tiefere Grund für die Virulenz der Lebenswissenschaften" für ihn darin lag, wie und dass sich in ihnen
„Erkenntnis und Technik unauflöslich verbunden" haben
(Borck et al. 2005, S.1). In Vorbereitung auf die von Michel
Foucault untersuchte Doppelnatur der Humanwissenschaft
(vgl. Deuber-Mankowsky 2013) stellt Canguilhem für die
Biologie und deren Objekt des Wissens und die Konstitution des Wissens also eine Art Feedbackmechanismus
oder wenigstens einen Chiasmus fest, der hier von größter
Bedeutung ist: Ihn zur Kenntnis zu nehmen, heißt nichts
anderes, als sich auf eine grundsätzlich höhere Komplexität im Verständnis der Medialität einlassen zu müssen,
als diese einfach von den metaphysischen Kategorien a
priori auf dingfest zu machende Technik zu übertragen.
Diesen Chiasmus erneut in den Blick zu nehmen, erlaubt
die medien- und wissensgeschichtliche Untersuchung des
Affective Computing.

Affective Computing als Technisierung des Menschen?

Affective Computing ist jedoch nicht nur ein wachsendes
Forschungsfeld und Anwendungsgebiet, sondern ein ethisch
problematischer Wirtschaftszweig der Sicherheit- und

Werbetechnik, dem sich die Forschenden parallel zu ihrer wissenschaftlichen Tätigkeit oder im Anschluss an sie widmen. Aus der Arbeitsgruppe um Rosalind Picard ging unmittelbar die Firmenidee für „Affectiva" hervor, der die Ingenieurin Rana el Kaliouby als Mitbegründerin und CEO vorsteht.[9] „Affectiva" entwickelt auf Basis der verfügbaren Sensor- (Computer Vision) und Deep-Learning-Technologie nach eigenen Angaben auch Gesichts- und Emotions-Algorithmen-Klassifizierer, die sich leicht online bzw. mit einfachen Web- und Digicams anwenden lassen. Diese Affekttechnologien im Bereich der Gesichts-, Gesten- und Bewegungserkennung tragen maßgeblich zu Möglichkeiten und Ausmaß gegenwärtiger Überwachungspraktiken bei (vgl. Zeitschrift für Medienwissenschaft 13, 2015). Darum werden sie zu Recht selbst Gegenstand der kritischen Beob-achtung, die ihren Stellenwert jedoch nicht selten allein als Technisierung des Menschen beurteilt (vgl. Angerer/ Bösel 2015, 48f.). Die Einschätzung greift jedoch zu kurz, dass in den Zeiten vor affektsensitiven Wearables die Emotionen und Affekte „der Vernunft und den Techniken des Messens entzogen" gewesen seien (ebd., 49). Affective Computing lässt sich in seiner Bedeutung und Wirkung nicht dadurch abschätzen, dass hier die emotionalen Anteile des menschlichen Lebens quantifiziert und dadurch erstmals digital verarbeitbar würden. Zum einen ist das Affective Computing wie diskutiert Teil einer längeren Geschichte der Quantifizierung, zum anderen ist sowohl gegen die Kulturkritik als auch gegen Picard einzuwenden, dass Emotion und Vernunft keineswegs als vollständig getrennt gedacht worden sind, wie ein Blick auf die Geschichte der Philosophie, Psychoanalyse und Hermeneutik zeigt. Der vorliegende Beitrag argumentiert, dass ohne die Wissens-geschichte und Bezugnahme auf die Entwicklung des Affective Computing jenseits der reinen *Facial Recognition* sein Ausmaß und seine Bedeutung nicht verstehbar werden. In seiner Grundkonzeption und Weiterentwicklungen

---

9   Siehe dazu die Homepage: http://www.affectiva.com/company/about-us/ (gesehen am 17.01.2017).

stell sich das Affective Computing inzwischen als ein
wesentliches Element der Technikentwicklung, aber auch
der Wissenschaftsentwicklung im Bereich der Verhaltensforschung und Psychologie dar. Durch das Affective
Computing rückt der Computergebrauch als eine direkte
Kommunikationssituation zwischen Mensch und Maschine
in den Fokus und darüber hinaus können die vom Computer
ausgelesenen physiologischen Daten zu Forschungszwecken
dienen. Affective Computing ist nicht nur dazu gedacht, um
zu überwachen und zu manipulieren. Vielmehr stellt das
Affective Computing gerade bezogen auf die kommunikative
Dimension eine neue Form der List der Technik dar.

Überwachen und Überlisten

Sensorbestückte Digitalrechner sollen im Affective
Computing die affektiven Zustände ihrer Nutzer auslesen und umsetzen oder gar nachempfinden und beantworten lernen. Hierbei aber ergibt sich ein Spielraum der
Erwartung, Antizipation und der affektiven Reaktion, der
von wechselnden Formen des Projizierens, Täuschens und
Überlistens alles andere als frei ist.

Die Philosophin Christine Blättler weist darauf hin, dass im
Altgriechischen Technik oder *techné* neben „Kunstfertigkeit,
technischem Können" und „professionellem Wissen" auch
„List" bedeute (2013, 271). Vielfach überliefern die Mythen
diese Auffassung der *techné*, wenn sich etwa Penelope
mithilfe der Webtechnik dem sozialen Druck entzieht oder
Odysseus durch Einsatz der Kulturtechnik Sprache den
Sirenen und dem unheimlichen Kyklopen entkommt (vgl.
ebd.).

Finden sich in der Antike vor allem Beispiele, in denen
die menschliche listige Verwendung der Technik betont
werden, so beobachtet Blättler für die jüngere Zeit und
Wissenschaftsforschung eine Umkehr: „Nun ist es die
Technik selbst, die listig ist, sie ist nicht mehr Objekt des
schaffenden Menschen – List der Technik im Sinne des

46 genitivus objectivus –, sondern wird, grammatikalisch gemäß dem genetivus subjectivus, zum Subjekt" (ebd., 273). Geht es bei der medienwissenschaftlichen Einschätzung des Affective Computing auch nicht darum, der Technik einen Subjektstatus zuzugestehen, wie in den von Blättler distanzierend beobachteten Ansätzen, so ist die Ambivalenz der Technik im Affective Computing augenfällig, mit dem der Nutzer gleichsam sich selbst überlistet, den Rechner wie ein Gegenüber zu adressieren. Diese Doppeldeutigkeit der List, die Blättler entdeckt hat, findet sich auf gewisse Weise im Affective Computing technisch für den Bereich der emotionalen, stimmungsbezogenen Aushandlungen und Modulationen realisiert.

Literatur

Andreas, Michael/Kasprowicz, Dawid/Rieger, Stefan 2016. „Technik | Intimität: Einleitung in den Schwerpunkt." In: *Zeitschrift für Medienwissenschaft* 15, 10–17.

Angerer, Marie-Luise/Bösel Bernd 2015. „Capture all, oder: Who's afraid of a pleasing little sister?" In: *Zeitschrift für Medienwissenschaft* 13, 48–56.

Benkler, Yochai 2006. *The Wealth of Networks: How Social Production Transforms Markets and Freedom*, New Haven, CT: Yale University Press.

Bickenbach, Matthias 2009. *Metapher Internet: Literarische Bildung und Surfen* (= Kaleidogramme, Bd. 49). Berlin: Kadmos.

Blättler, Christine 2013. „List der Technik." In: *Zeitschrift für Kulturphilosophie* 2013/2 (Schwerpunktheft Technik), 271–285.

Borck, Cornelius/ Hess, Volker/Schmidgen, Henning 2005. „Erkenntnis des Lebenden: Eine Skizze zu Georges Canguilhem (1904–1995)." (= *Max-Planck-Institut* für Wissenschaftsgeschichte *Preprint* 288). Siehe: https://www.mpiwg-berlin.mpg.de/Preprints/P288.PDF (gesehen am 01.04.2017).

Canguilhem, Georges 2009 [1980]. *Die Erkenntnis des Lebens*. Berlin: August-Verlag.

Canguilhem, Georges 2012. „Was ist Psychologie? (1958)." In: Michels, André/Gottlob, Susanne/Schwaiger, Bernhard (Hg.): *Norm, Normalität, Gesetz*. Wien: Turia + Kant, 219–235.

Castells, Manuel 2005. *Die Internet-Galaxie: Internet, Wirtschaft und Gesellschaft*. Wiesbaden: VS Verlag für Sozialwissenschaften.

Calvo, Rafael et al. 2015 (Hg.). *The Oxford Handbook of Affective Computing*. Oxford, New York: Oxford University Press.

Dalgleish, Tim, D./Barnaby, Dunn/Mobbs, Dean 2009. „Affective Neuroscience: Past, Present, and Future." In: *Emotion Review* 1 (4), 355–368.

Damasio, Antonio R. 1995. *Descartes' Irrtum: Fühlen, Denken und das menschliche Gehirn*. München: List Verlag 1995.

Deuber-Mankowsky, Astrid 2013. „Mediale Anthropologie, Spiel und
Anthropozentrismuskritik." In: *Zeitschrift für Kulturtechnikforschung und
Medienphilosophie* 4 (1) (Schwerpunktheft Medienanthropologie), 133–148.

Floridi, Luciano 2015. *Die 4. Revolution: Wie die Infosphäre unser Leben ver-
ändert.* Berlin: Suhrkamp.

Galloway, Alexander R./Thacker, Eugene 2007. *The Exploit: A Theory of
Networks* (= Electronic mediations, Vol. 21). Minneapolis, MN: University of
Minnesota Press.

Hansen, Mark B. 2011. „Medien des 21. Jahrhunderts, technisches Empfinden und unsere originäre Umweltbedingung." In: Hörl, Erich (Hg.): *Die
technologische Bedingung: Beiträge zur Beschreibung der technischen* Welt.
Frankfurt/Main: Suhrkamp, S. 365–409.

Institute of Electrical and Electronics Engineers 2010. *IEEE Transactions on
Affective computing.* New York: IEEE.

Gore, Al 1993. „Remarks on the National Information Infrastructure by Vice
President Al Gore at the National Press Club." December 21. Siehe: http://
www.ibiblio.org/nii/goremarks.html (gesehen am 01.04.2017).

Mann, Steve/Nolan, Jason/Wellmann, Barry 2003. „Sousveillance: Inventing
and Using Wearable Computing Devices for Data Collection in Surveillance
Environments." In: *Surveillance & Society* 1 (3), 331–355.

Picard, Rosalind 1995. „Affective Computing." (= *M.I.T. Media Laboratory Per-
ceptual Computing Section Technical Report* 321). Siehe: http://hd.media.mit.
edu/tech-reports/TR-321.pdf" (gesehen am 01.04.2017).

Picard, Rosalind 2000. *Affective Computing.* Cambridge, MA: MIT Press.

Picard, Rosalind/Fedor, Szymon/Ayzenberg, Yadid. „Multiple Arousal Theory
and Daily-Life Electrodermal Activity Asymmetry." In: *Emotion Review* 8 (1),
62–75.

Schüttpelz, Erhard/Gießmann, Sebastian 2015. „Medien der Kooperation:
Überlegungen zum Forschungsstand." In: *Navigationen* 2015/1, 7–57.

Sprenger, Florian 2012. *Medien des Immediaten: Elektrizität – Telegraphie –
McLuhan.* Berlin: Kadmos.

Wundt, Wilhelm Max 1904. *Völkerpsychologie: Eine Untersuchung der Entwick-
lungsgesetze von Sprache, Mythus und Sitte.* Leipzig: A. Kröner.

WEARABLES

INTIMATE COMPUTING

SURVEILLANCE

SOUSVEILLANCE

AMBIENT ASSISTED LIVING

ANTHROPOPHILIE

3

Freiwillige Fremdkontrolle: Paradoxien der Gouvernementalität

Stefan Rieger

Der Beitrag gilt der Frage, ob man Medien zwangsläufig im Modus jener Kritik begegnen kann und soll, die so nachhaltig zum Grundbestand einer Beschäftigung mit ihnen diente. Das Ambient Assisted Living (AAL) wird zum Anlass, alternative Formen eines Umgangs mit ihnen sichtbar und notwendig werden zu lassen. Die Preisgabe von Autonomie an technische Systeme erfolgt dort nicht im Modus sinistrer Machtausübung, sondern in dem einer Zustimmung, einer freiwilligen Fremdkontrolle. Wenn die Delegation von Autonomie an Technik ihrerseits positiv gewertete Effekte der Selbstbestimmung zeitigt, in diesem Fall die Wahl des eigenen Wohnumfelds, erweist sich die Kritik als gleichermaßen

unsach- wie unzeitgemäß. Für die Beschreibung der aktuellen Lage hat sie ihr Monopol eingebüßt.

> *Die kybernetische Erweiterung der neuzeitlichen Technik bedeutet also ihre Erweiterung unter die Haut der Welt; Technik kann in keiner Weise mehr isoliert (objektiviert) betrachtet werden vom Weltprozeß und seinen soziologischen, ideologischen und vitalen Phasen. Sie bezieht alles ein, sie hat einen verstärkten konsumierenden Charakter angenommen. Literatur, Kunst, Musik nehmen ihre Züge an, genau wie seit Galilei Wissenschaft, Medizin, Architektur und mindestens seit der Aufklärung die gesellschaftlichen und politischen Vorgänge sich ihren Strukturen anpaßten. (Bense 1998, 436)*

1. Sur- und Sousveillance

Das Konzept der Gouvernementalität ist hinreichend ausgereizt, in mancherlei Hinsicht vielleicht sogar überreizt worden. Es geht auf Michel Foucaults *Surveiller et punir* aus dem Jahr 1975 zurück, dessen Machtkonzept in leichter Abwandlung den Titel dieses Bandes bildet (Foucault 1977). Die Wirkungsgeschichte der Monographie über die Geburt des Gefängnisses fiel ungewollt mit der Karriere digitaler Medien zusammen. Immer wieder wurde sie daher zur Beschreibung staatlicher, behördlicher, institutioneller oder anderer Formen technischer Überwachung benutzt und

dabei den medialen Gegebenheiten der Zeit angepasst.[1]   **51**
Im oft bemühten Bild vom Panoptikum Jeremy Benthams
hat sich die Beschreibung einer Situation auch außerhalb
von Gefängnismauern, etwa bei der Videoüberwachung
öffentlicher Räume oder der Rekonstruktion von Daten-
bewegungen im Internet emblematisch verdichtet. In der
Rede vom *Panopticum of the Digital Sphere* (JutanJulOnline
2013), wie man sie bei Bloggern, aber auch auf den Seiten
unserer Nachrichtenmagazine findet, hat sie sich vom
Analogen vollständig gelöst (vgl. Han 2014).

Surveillance   Sousveillance

[Abb. 1] Skizze von Steve Manns sechsjähriger Tochter (Mann 2013).

Natürlich ließen auch Formen der Inversion derartiger
Überwachungskonzepte nicht lange auf sich warten und
sie wurden besonders vom kanadischen Informatiker Steve
Mann, der für seine Beiträge zum *Wearable Computing* einige
Berühmtheit erfahren sollte, unter dem Begriff der *Sousveillance* ins Spiel gebracht – etwa in einem Beitrag unter
dem Titel „Sousveillance: Inventing and Using Wearable

1   Zur konzeptionellen Ausdifferenzierung der Überwachung vgl. Agre
     1994.

Computing Devices for Data Collection in Surveillance Environments" aus dem Jahr 2003 (Mann/Nolan/Wellman 2003). Eine populäre, auch in Wikipedia veröffentlichte Skizze, die Steve Manns sechsjährige Tochter anfertigte, demonstriert die Verkehrung des geläufigen Modells [Abb. 1]. Aber selbst diese Inversion der Blickrichtung bleibt auffällig einem bestimmten theoretischen Setting verpflichtet, das die Verhältnisse von öffentlich und privat, von fremdbestimmt und autonom, von oben und unten in einen sattsam bekannten Gestus kleidet, der, um das an dieser Stelle verkürzt zu sagen, in einer Generalverdächtigung von Medien kulminiert und in allen nur denkbaren Forderungen nach Kritik an den herrschenden Medienverhältnissen mündet (vgl. Groys 2000). Wenn es um die Sache des Menschen ging, sind im Zuge wirkmächtiger Denktraditionen wie der Frankfurter Schule Medien häufig nur unter Vorbehalt zugelassen,[2] – und auch dann nur unter der Ägide eines für diese Denktradition zentralen Begriffs: dem der Aufklärung. Die Verkehrung wird zur Folie eines Gegenentwurfs, der als *Declaration of Veillance* die grundlegende Asymmetrie zwischen Überwachern und Überwachten aus den Angeln heben will und sich als radikales politisches Programm versteht. Wie es in der Deklaration heißt, soll die technische Aufrüstung und synästhetische Erweiterung der Wahrnehmung, durch das Erschließen von Sinnesreizen, die der natürlichen Wahrnehmung unzugänglich sind, ebenso Programm werden wie das Recht auf Totalaufzeichnung und die Mitteilung des eigenen Lebens:

> Veillance freedom is the right for all humans to:
> 1. See, both literally and metaphorically, i. e. „sense";
> 2. Understand what they see/sense;
> 3. Remember what they sense (e.g. record); and
> 4. Share and describe their memories to others
> (Mann et al. 2015, n. pag.)

2   Zu entsprechenden Positionen der klassischen Moderne vgl. Rieger 2001.

Dabei treten Akteure in Erscheinung, die fernab der üblichen Diskussionen um sinistre Überwachungsszenarien ihre Selbstaufzeichnung propagieren und nachgerade obsessiv betreiben. So war Steve Mann bereits in den 1990er Jahren mit Projekten zur Totalaufzeichnung mittels einer *WearCam* befasst und Gordon B. Bell, der für Microsoft tätig ist, sinniert über ein digitales Leben, bei dem gleich jede physiologische Regung erfasst und verdatet wird (vgl. Bell/Gemmell 2007). Jeder Herzschlag zählt und wird daher gezählt (*Counting Every Heart Beat: Observations by a Quantified Selfie*, Bell 2015). Weil die Bedürfnisse der totalen Lebensaufzeichnung sowohl die historischen Semantiken als auch die historischen Darstellungsformen der Individualisierung bemühen, werden entsprechende Projekte häufig im Namen von Tage- und Logbuch oder anderen Formen tradierter Selbstaufzeichnung verhandelt. Ermöglicht ist die digitale Erinnerungskultur durch beliebige Verfügbarkeit der Aufzeichnungstechniken und durch einen Überfluss an vorhandenem Speicher (vgl. Czerwinski et al. 2006). Sie braucht daher nicht nur kein Ende zu befürchten, sondern sie kann das Menschliche getrost hinter sich lassen und in Form eines vollständigen digitalen Doubles Anschluss an die Szenarien der Post- und Transhumanisten finden (vgl. Michael 2014).[3]

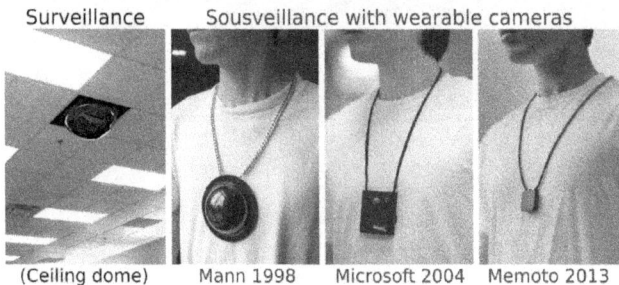

Surveillance   Sousveillance with wearable cameras

(Ceiling dome)   Mann 1998   Microsoft 2004   Memoto 2013

[Abb. 2] Chronologie tragbarer Kameras (Mann 1994–2013).

3   Zur Rhetorik der Unsterblichkeit vgl. Bell/Gray 2001.

[Abb. 3] „Aposematic Jacket and Invisibility Suit" (Mann 2001).

Das digitale Double setzt auf die Möglichkeiten des *Wearable Computing*. Drei Beispiele von Steve Mann machen die Logik rechnender Kleider anschaulich. Auf seine Weise spiegelt das erste Modell [Abb. 2], eine um den Hals tragbare Kamera, ganz allgemein den Blick des beobachteten Beobachters zurück. Im zweiten Fall, einer *BraCam*, wird gegendert und hier sind es die Blicke männlicher Betrachter, die der Überwachungs-BH an diese zurückverweist. Mit diesem

wird zugleich eine Intimisierung von in Kleidung verbauten
Medien betrieben, die anderenorts auch das theoretische
Interesse Manns auf sich zu ziehen wusste – so zum Beispiel
in einem Beitrag, der unter dem eigenwillig klingenden Titel
„Eudaemonik Computing (‚Underwearables')" der Unter-
wäsche auf den Leib rückt und dabei auf den seltsamen
Pfaden der Frühgeschichte des *Wearable Computing* wandelt
(vgl. Mann 1997).[4] Im dritten Beispiel, *Invisibility/Aposematic
Suit* [Abb. 3], greift Mann auf Konzepte der Biologie zurück.
Entsprechend dem Schrägstrich im Titel hat das tragbare
Kunstwerk zwei unterschiedliche Betriebsweisen: Im ersten
Fall zeigt es dem Betrachter, was er wahrnehmen könnte,
wenn er durch den Bildschirm wie durch eine transparente
Glasscheibe hindurchsehen könnte. Dieser Modus erfolgt
analog zur Mimikry etwa eines Chamäleons, das sich
durch Verschmelzung mit seiner Umwelt für seine Feinde
unsichtbar macht. Auch die zweite Betriebsart folgt einem
abgewandelten Konzept der Biologie, dem des sogenannten
Aposematismus. Dabei wird Schutz nicht durch Kaschierung
angestrebt, sondern durch deutlich ausgestellte Signale, die
auf physische Überlegenheit, etwa auf das Vorhandensein
von Gift oder auf andere Eigenschaften schließen lassen, die
dem Jäger unzuträglich sind. Im Fall des *Aposematic Suit* sieht
sich der Betrachter also unablässig selbst auf dem Bildschirm, gleichgültig, wo er sich gegenüber dem Anzugträger
im Raum positioniert, und wird so, ähnlich den Monitoren
im Eingangsbereich von Geschäften, unablässig mit dem
ausgestellten Eindruck der Überwachung konfrontiert.

Bei den drei genannten Beispielen erlaubt die Inversion
der Blickachsen und der Machtverhältnisse einen veränderten Handlungsbezug: Personen wehren sich gegen

4   Hinter dem Eudämonischen steckt ein historisch benennbares Ver-
    satzstück kleidergestützten Rechnens, das den Informationstheo-
    retiker Claude E. Shannon und den Mathematiker Edward Thorp bei
    Manipulationen von Roulettetischen zeigt. Thorp nimmt dabei den
    Ersterfinderstatus in Anspruch (vgl. dazu Thorp 1988). Eine Neuauf-
    lage entsprechender Bemühungen wird von einer Gruppe kalifor-
    nischer Physikstudenten unternommen, die sich *The Eudeamons*
    nannten (vgl. Bass 1985).

die Videoüberwachung etwa durch Verkehrsbetriebe, Frauen gegen den unkaschierten Blick auf ihre Brüste und Passanten im Modus der gedoppelten Mimikry gegen Gefahrenquellen jedweder Art. Das ebenfalls den Aposematismus bemühende Projekt des südkoreanischen Künstlers Shinseungback Kimyonghun unterstreicht gerade diesen Aspekt der Selbstverteidigung:

> ,Aposematic Jacket' is a wearable camera for self-defense. The lenses on the jacket give off the warning signal, ,I can record you', to prevent possible attack. When the wearer pushes a button under threat, the jacket records the scene in 360 degrees and sends the images to the Web. (Kimyonghun 2014)

2. Ambient Assisted Living

Es gibt aber auch Phänomen- und Anwendungsbereiche, die zu diesen Formen des Über- oder Unterwachens quer stehen, die nur schwer in das Schema von Affirmation oder Invertierung passen. Dabei finden sich Menschen auf eine Weise zu technischen Medien positioniert, die von der geläufigen Lesart und ihrer personalen Zuspitzung – Opfer/Täter, Einzelner/Überwachungskollektiv – sowie ihrer spezifischen Topographie – Oben/Unten, Zentrum/Peripherie – unerfasst bleibt. Die Tatsache, dass sie trotz Inversion aus dem Raster dessen herausfallen, was die kleine Kinderskizze vor Augen stellt, soll im Folgenden als Möglichkeit dienen, über Medien einmal jenseits der Entscheidung für eine der beiden Optionen der Skizze nachzudenken. Damit wird das nachgerade allmächtige Dispositiv der Fremdbestimmung und der Medien als Agenten eines scheinbar sich von selbst verstehenden Autonomieverlustes verkehrt. Die Forderung nach Aufklärung und kritischer Hinterfragung, die in Mediennähe fast schon reflexhaft erhoben wird, liefe bei einer solchen Herangehensweise ins Leere. Mit welchen Formen der Argumentation verbunden dies stattfindet, ist Gegenstand der folgenden Überlegungen, die dazu das Phänomen des *Ambient Assisted Living* als

Beispiel in den Blick nehmen. Die dabei angestellten Über- legungen betreffen nicht nur oder nicht primär auch andere mediale Settings – etwa die mediale Wohnraumunterstützung –, sondern sie betreffen zunehmend grundständige Aspekte von Medien-Akzeptanz, die über den hier konkret gewählten Anwendungsfall hinaus bedeutsam sind. Zu fragen ist, wie bestimmte Medien Akzeptanz herstellen, wie sie um ihr Gegenüber buhlen, wie sie für sich werben. Die entsprechenden Strategien sind vielfältig: Zu ihnen zählen eine Rhetorik des Intuitiven, einer scheinbar unvermittelten und mühelosen, also investitionsfreien Praxeologie, die Gestaltung der Schnittstellen und Interfaces nach Maßgaben einer alles erleichternden Natur (*Natural User Interfaces*) und nicht zuletzt eine semantische Sorgfalt, die mit großer Akribie das Faktum der Hilfsbedürftigkeit kaschiert und stattdessen die Verheißungen neuer Sozialbeziehungen in Aussicht stellt (vgl. dazu Pfadenhauer/Dukat 2014).

Das Akronym AAL (*Ambient Assisted Living*) hat über die Spezialanliegen der Wissenschaft hinaus für Aufsehen gesorgt, betrifft das umgebungsbetreute Wohnen doch einen Kern gesellschaftspolitischer Großdebatten. Es zielt dorthin, wo mit der Veränderung demographischer Faktoren das Sozialsystem und seine Finanzierbarkeit zur Disposition stehen und wo umgekehrt diese Faktoren auf ein vermeintliches Grundbedürfnis von Menschen treffen, nämlich so lange wie nur irgendwie möglich in ihren eigenen vier Wänden verbleiben zu können. Diese Diskussion spielt also nicht in den Spiegelkabinetten post- oder transhumanistischer Theoriebildung, sondern in den sehr lebensweltlichen Praxen einer immer älter und damit auch unweigerlich immer größer werdenden Bevölkerung in den westlichen Industrienationen (vgl. D'Angelantonio/Oates 2013). Bemerkenswert dabei ist der besondere Aufwand, der im Werben um Akzeptanz für diese neugestalteten Wohnräume betrieben wird und bemerkenswert ist die ethische Aufmerksamkeit, die dem AAL etwa in Form praktischer Begleitstudien zuteilwird (vgl. dazu stellvertretend Manzeschke et al. 2013). An den Begründungsmaßnahmen argumentativer, rhetorischer, gestalterischer, semantischer und nicht zuletzt pädagogischer Art wird nämlich zugleich ein medienanthropologisches und medienethisches Paradox des AAL sichtbar: Man kommt nicht umhin, zur Wahrung seiner Eigenständigkeit im individuellen Wohnen, Autonomie an technische Systeme oder Subsysteme abzugeben. Der grundlegende Verdacht einer „feindlichen" Übernahme des Eigenen, mit dem Medien ja gerne überzogen werden, schleicht sich so in einen Bereich ein, dem im Verlauf der Kulturgeschichte gerade ein besonderes Maß an Intimität und Privatheit zugeschrieben wurde und vorbehalten sein sollte.[5] Diese Aushandlungen von Akzeptanz in Bereichen scheinbar nicht staatlicher Gouvernementalität gehen mit einem hohen Maß an Mittelbarkeit einher, finden sie doch im engmaschigen Betrieb des je individuellen Wohnens sowie der damit verbundenen Lebensentwürfe statt und nicht auf der Ebene soziologischer Technikfolgenabschätzung, deren Gegenstände weithin sichtbare, aber nicht im unmittelbaren Nahbereich spielende Großtechnologien wie Atomkraft oder Gentechnik sind. Das unterscheidet sie von Aufgeregtheiten, wie sie anlässlich der Übernahme der amerikanischen Firma Nest Labs durch Google die Runde machten. Bei dieser Transaktion eines Unternehmens, das Produkte der Hausautomatisierung wie Thermostate und Rauchmelder herstellt, wird ein sattsam bekanntes Stück Medienkritik kultiviert. Die Gefahren eines systematischen und feindlichen Vordringens in den privaten Wohnbereich führen zu Schlagzeilen wie der auf Spiegel Online: „Google will in ihr Schlafzimmer" (Stöcker 2014).[6]

Ausgehend vom AAL lässt sich an einem dezidiert menschenlastigen und mit einem entsprechenden Pathos aufgeladenen Thema ein verändertes Verständnis technischer Medien entwickeln – und zwar nicht auf der phänomenalen Ebene dessen, was sich architektonisch zeigt (vgl. Heidegger 1985). Es geht also gerade

5   Zu den Veränderungen von Privatheit vgl. Ware 1993.
6   Mit der Biosurveillance stehen auch dem Gesundheitswesen neue
     Möglichkeiten zur Verfügung (vgl. dazu Brownstein et al. 2009).

nicht um ein kulturwissenschaftlich sanktioniertes
Narrativ der Komplexitätssteigerung von der Stein-
zeithöhle zum amerikanischen Wolkenkratzer; auch geht
es nicht um eine Sozialgeschichte des Wohnens, die von
den Repräsentationsbauten des Absolutismus über die
Mietskasernen der Industrialisierung und den sozialen
Wohnungsbau bis hin zu den Gartenstadtbewegungen
reicht und damit zugleich die Verkehrswege der modernen
Urbanistik aussteuerte (vgl. Teuteberg 1985). Vielmehr
geht es darum, das Verhältnis des Wohnens selbst anders
zu bestimmen: In dieser Lesart schützt sich der Mensch
durch das Wohnen nicht (allein) vor einer ihn bedrohenden
Umwelt und etabliert dabei Formen der Vergesellschaftung
mit seinesgleichen, wie es in kulturwissenschaftlichen
Erzählungen lauten würde, sondern er lebt in Wohn-
umwelten, angesichts deren technischer Durchdringung
er selbst zunehmend als schutzbedürftig erscheint – und
zwar als schutzbedürftig gegenüber der ihn umgebenden
Technik.[7] So ist es auch nicht weiter verwunderlich, dass der
am MIT systematisch mit der Zukunft des Wohnens befasste
Wissenschaftler Stephen S. Intille dessen Zielvorgabe in
einem Gegenschlag auf folgende lakonische Formel bringt:
„The Goal: Smart People, Not Smart Homes" (Intillle 2006).
Ihm ist also darum zu tun, die Rechte der Bewohner gegenüber den immer intelligenter werdenden Wohnumgebungen
zu stärken. Diese Situation, dass Technik paternalistische
Züge gegenüber ihren vermeintlichen Kindern annimmt,
ist allerdings kein Betriebsunfall.[8] Die daraus resultierende
Schutzbedürftigkeit ist somit eine, die der Mensch in Kauf
nimmt, die er billigend in Kauf nimmt, die er billigend in Kauf
zu nehmen angehalten ist, kurz, zu der er sich zustimmend,
wissend und damit im Modus einer freiwilligen Fremdkontrolle verhält. Es ist diese Programmierung eines unbe-
wussten Einverständnisses, eines bewusst verdrängten
Wissens über die Vorhandenheit und die Wirkweisen von

---

7   Zur Disposition steht damit auch die Reichweite von Technik (vgl. dazu
    stellvertretend Orland 2005).
8   Zum Paternalismus vgl. Spiekermann/Pallas 2006.

Technik, die das AAL über alle Kasuistik hinaus zu einem prototypischen Fall macht. Das Unbewusste der Maschinen wird in solchen Kontexten nicht als eine Theorieoption verhandelt, sondern als soziale Praxis der Vermittlung von Akzeptanz.

Als Teil tatsächlich realisierter und nicht einfach nur behaupteter *Smart Environments* und unter medientheoretisch eingespielten Aspekten des *Ubiquitous Computing*, der *Seaminglessness* und des pervasiven Potentials eines zunehmend unsichtbaren medialen Environments liefert die Diskussion um das AAL ein Operationsfeld für die Aushandlung der gesellschaftlichen Akzeptanz mediatisierter Umwelten. Sie betrifft mit der Zukunftsfähigkeit einer alternden Gesellschaft uns alle etwa in der Weise der individuellen Lebensgestaltung sowie deren Finanzierbarkeit. Ziel entsprechender Systeme ist es, den Verbleib älterer Menschen oder genauer von Menschen mit Einschränkungen aller Art in ihren Wohnungen möglichst lange zu sichern und diese damit ambulant betreuen zu können und leben zu lassen. Das Spektrum möglicher Adressaten ist vielfältig. Es reicht von Personengruppen mit einfachen bis zu schwersten motorischen Störungen, über Klienten mit – graduell gestaffelter – Beeinträchtigung kognitiver Fähigkeiten bis hin zu Patienten mit ausdifferenzierten Krankheitsbildern mit finaler Verlaufsform wie etwa dem der Demenz (vgl. dazu stellvertretend Gentry 2012). Mit ihren jeweiligen Maßnahmen kommen die Systeme einem postulierten Grundbedürfnis der Betroffenen entgegen, denen der Aufenthalt in ihren eigenen vier Wänden als so außerordentlich erstrebenswert gelten soll, dass sie dafür eben auch in Kauf nehmen, ein gewisses Maß an gewohnter Privatheit und Entscheidungsautonomie Preis zu geben. Neben sattsam bekannten und (ob ihrer Anwendung im öffentlichen Raum) auch hinreichend diskutierten Verfahren wie der Rundum-Video-Überwachung setzen solche Systeme verstärkt auf direktere Formen der Interaktion. So werden dort neben erwartbaren Verfahren der Steuerung raumrelevanter Parameter oder

der Überwachung körperbezogener Daten immer weitere
Schnittstellen eingezogen, die sehr viel unvermittelter und
unter Ausnutzung noch weiterer Datenkanäle wie der Haptik
ansetzen: Eines dieser Programme etwa handelt von einem
mitdenkenden Fußboden (*smart floor*), der in der Lage ist,
Bewegungsmuster zu tracken und auf etwaige Störfälle
unmittelbar zu reagieren.

> Diese Intelligenz wird so erreicht, indem mehrere
> Sensoren im Fußboden eingebettet werden. Diese
> erfassen *unmerklich* die Position und Bewegungsdaten
> des Bewohners, und arbeiten mit weiteren Hard- und
> Software-Komponenten zusammen um dem Benutzer
> mehr Sicherheit (z. B. Sturzerkennung, Fluchtweg-
> planung, Abschalten gefährlicher Geräte) und Komfort
> zu bieten. (Kachroudi 2010, 16; Herv. S.R.)

Bei anderen Programmen erfolgt der Anschluss an die
Technik sogar noch direkter, sitzen die Sensoren doch als
Kleidungsstück direkt am Körper oder gar unmittelbar auf
der Haut. Biometrische Datenerhebung und intelligente
Wohnung arbeiten dazu unmittelbar Hand in Hand. Prekär
wird bei solchen Verschaltungen allerdings der Punkt der
Entscheidungsgewalt: zum einen, weil die Betroffenen nicht
oder nicht mehr in der Lage sind, für sich zu entscheiden,
zum anderen, weil die Ausgestaltung häuslicher Umgebungen inzwischen so weit gediehen ist, dass es zunehmend
schwierig wird, das Zusammenspiel der Einzelkomponenten,
die Logik ihrer Steuerung und damit die Prinzipien der Entscheidungsfindung überhaupt nachzuvollziehen. Wenn das
Wohnen agentenbasiert ist, wie in „MavHome: an agent-
based smart home", wird die sprichwörtliche Entscheidung
darüber, wer Herr im eigenen Haus ist, erschwert oder
gar vollends verunmöglicht: „The goal of the MavHome
(Managing An Intelligent Versatile Home) project is to create
a home that acts as an intelligent agent." (Cook et al. 2003,

521; vgl. ferner Mozer 2005) Ausgerechnet das Haus und das Heim werden so zum Schauplatz des Unheimlichen.[9]

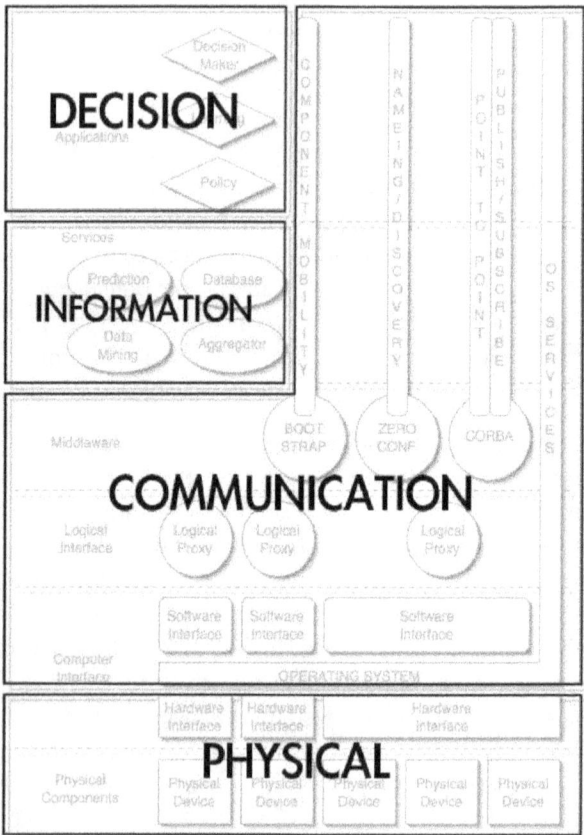

[Abb. 4] „MavHome Abstract Architecture" (Müller 2010, 10).

Aber mit der Basierung auf Agenten ist es nicht getan, brauchen Entscheidungs-Agenten doch Kriterien, die es ihnen erlauben, aus einem Spektrum möglicher Handlungen eine bestimmte auszuwählen und zu realisieren [Abb. 4]. Damit steht die Automatisierung

9   Für die psychoanalytische Version des Unheimlichen ist immer noch Freuds gleichnamige Studie einschlägig. Zu einer Neufassung entsprechender Konzepte vgl. etwa Bartneck et al. 2009.

von Entscheidungsprozessen zur Disposition, die von
Algorithmen zum *Decision-making* übernommen wird.
Das von ihnen erschlossene konjekturale Wissen wird zur
Grundlage der selbsttätigen Einflussnahme in der jeweiligen
Umgebung – und das heißt zunächst einmal Daten sammeln,
jedweder Art und so viele wie möglich (vgl. Roßnagel/
Müller 2004). Was entsprechende Publikationen in diesem
Bereich eindrucksvoll veranschaulichen, ist eine umtriebige
Forschungslandschaft, deren Interventionsfeld sich nicht
auf das *Ambient Assisted Living* beschränkt und auch die
Ausgestaltung von Arbeitsumgebungen in den Blick nimmt.
So macht ein System unter dem Namen „PEPYS" von sich
reden – im Namen jenes englischen Staatssekretärs also,
dessen autobiographische Aufzeichnungen zu Weltruhm
gelangten (vgl. Newman/Eldridge/Lamming 1991).[10] Ein Blick
hinter die von Niklas Luhmann so trefflich beschriebene
Individualisierungssemantik und ihre literaturgeschichtliche
Sachdienlichkeit nimmt sich vergleichsweise bescheiden
aus und fördert Maßnahmen zu Tage, die lediglich dem
habituell getrübten Erinnerungsvermögen von Büro-
angestellten auf die Sprünge helfen sollen (vgl. Luhmann
1993). Die Protokolle, die unter dem vollmundigen Titel
„PEPYS: Generating Autobiographies by Automatic Tracking"
verhandelt werden, wirken dabei so hölzern wie ihre Auf-
gabenstellungen beschränkt – handelt es sich doch um die
tagebuchartige Aufstellung dessen, wer wann was wo und
unter Zuhilfenahme welcher Bürotechnik gemacht hat.

3. Strategien der Akzeptanzsicherung

Was in den Weiterentwicklungen solcher durchaus
eingeschränkten Ansätze sichtbar wird, ist nicht eine
apokalyptisch-phantastische, sondern eine nachgerade
hausbackene Antwort auf die Frage, unter welchen Oberflächen und in welchen Formen man geneigt ist, Technik

---

10   Ein weiteres Beispiel für den Einsatz einer kulturell durchsetzten
     Semantik wäre ein System namens *Moby Dick* (vgl. dazu Smit/Havinga
     2000).

und diejenigen Überwachungsmechanismen und -agenten, die sich mit ihr verbinden, zu akzeptieren – wie also Umgebungen auszusehen und sich anzufühlen haben, die einem mehr und mehr in Kooperation von kluger Kleidung und intelligentem Raum auf den Leib rücken. Neben den Möglichkeiten in ihrer bunten Kasuistik und betriebsamen Marktförmigkeit wird in den technischen Manualen und Selbstbeschreibungen der Hersteller die Reflexion auf die Schnittstelle und damit die Frage nach der Inszenierung des Medialen als Kaschiertes oder als Wahrnehmbares ein gewichtiger Punkt. Die sorgfältige Abwägung der Sicht- und Fühlbarkeit des Sensors wird zwischen allen Schaltbildern des operativ Möglichen explizit mitgeführt und ist für performative Aspekte wie etwa die Wahl von Begriffen, Namensgebungen und argumentativen Strategien zuständig. Besonders greifbar ist das dort, wo die Semantik des Heimes in Frage steht und das Bollwerk individueller Vertrautheit des angloamerikanischen Sprachraums „Home Sweet Home" in Formulierungen wie „Easy Home, Happy Healthy Home" zugleich adaptiert und variiert wird – nun allerdings nicht als gestickter Schriftzug auf Sofakissen, sondern zur Bewerbung entsprechender Produktpaletten.

In der Rede vom „Home" wird überspielt, dass aus dem Haus, das man wie die sprichwörtliche Westentasche kennt, längst eines geworden ist, das man nicht mehr kennen kann und nicht mehr kennen können soll. Aus dem „Home Sweet Home" ist so ein Entscheidungshaus und dieses damit ein Stück weit auch unheimlich geworden (vgl. Rieger 2015). Nicht zuletzt die gewählte Terminologie und die Rede von *smart homes* als heimelige Variante dessen, was als *Intelligent Environment* auch medientheoretisch für einigen Wirbel gesorgt hat, sind zunächst dazu angetan, bestehende Unterschiede zwischen Pflegebedürftigkeit und einem breiteren Segment zu kaschieren. Unter den Titel *Smart Home* fallen eben nicht nur hochpervasive Verfahren wie beim *Ambient Assisted Living*, sondern auch ganze Maßnahmenbündel, die als intelligente Wohn-raumbewirtschaftung den Gegenstand einer eigenen

Industrie begründen. Diese zielen vor allem auf eines: auf Bequemlichkeit, die man sich von ortsunabhängigen Steuerungsmöglichkeiten untereinander vernetzter Komponenten erwartet.

Damit wird zugleich aber auch deutlich, dass die Bemühungen um Akzeptanz im Fall vom *Ambient Assisted Living* deutlich höher ausfallen müssen. Neben einer performativen Behutsamkeit in Belangen der Namensgebung ist ein Trend zu umsichtiger Semantisierung zu beobachten: Allerorten bricht sich ein Sprachgebrauch Bahn, der neben der behaupteten Leichtigkeit und dem intuitiven Umgang von Ergänzung, von „support", von „collaboration", von „assistence" redet und dessen weitere Bemühungen auch von Personifizierungen unter Verwendung positiv besetzter Sozialbeziehungen nicht zurückschrecken. Für das umworbene Projekt eines gemeinsamen Altwerdens empfehlen sich Pflegeroboter gar als Weggefährten („ally" und „companion"), die, anders als die unsichtbar verbauten und dezent handelnden Techniken, Fragen nach der Sichtbarkeit und nach der Gestaltung aufrufen (vgl. Huijnen et al. 2011). Diese Aushandlungsprozesse finden im Zeichen oft preisgegebener, altertümlich klingender Begriffe wie „comfort", „rust", „privacy", „security", „anonymity", „acceptance" und gestalterisch im Zeichen eines grassierenden Biomorphismus statt.[11]

Die Relevanz dieser Aspekte zeigen durchnummerierte Kataloge, die sich wie ethische Gebrauchsanweisungen für das Leben in smarten Wohneinheiten ausnehmen: die Maßstäbe und Maßnahmen freiwilliger Selbstkontrolle und Benutzertransparenz sind Gegenstand eigener Abhandlungen. Entsprechend einer Arbeit „Privacy by Design – Principles of Privacy Aware Ubiquitous Systems" (Langheinrich 2001) lassen sich Richtlinien aufzählen, die sich wie eine umgekehrte Spielart der Asimovschen Robotergesetze

---

11   Aussagekräftig ist die Gestaltung der Akronyme der zu benennenden Produkte. Mit deren Verfügung ist aus dem Krieg der Wörter ein Krieg bloßer Buchstaben geworden (vgl. etwa Drobics et al. 2012).

lesen, insofern sie den Menschen betreffen und nicht die Maschine – eine Benutzer-Ethik für den mediatisierten Raum: So werden speziell für den Aspekt des persönlichen Datenschutzes ("privacy") sieben Kriterien angesprochen und für das Design solcher *Intelligent Environments* werden weitere sechs Punkte ausgeführt, die es dort zu beachten gilt. Da diese Richtlinien meistenteils Fragen betreffen, die für den Umgang mit Datensicherheit überhaupt diskutiert werden, unterscheiden sie sich kaum von Diskussionen, die über den Anlass von AAL hinaus flächendeckend geführt werden.

Doch eine der Richtlinien macht ein Problem sichtbar, das gerade Formen intelligenter Umgebungen eigen ist: Wie es in einem Beitrag von Müller, der sich u. a. auf Langheinrich bezieht, heißt, soll der Benutzer nämlich auf eine besondere Weise eingebunden sein. Neben einer allgemeinen Zustimmungspflicht für die jeweils getroffenen Einzelmaßnahmen gibt es auch die Verpflichtung zur allgemeinen Aufklärung, zu der es unter der wunderbaren Formulierung einer "Awareness Infrastructure" gleich noch ein technisches Pendant gibt: "Notice: The user has to be well informed so that he can make the privacy decisions. The so-called ‚awareness infrastructure' is a baseline technology for smart environments" (Müller 2010, 9) – Recht besehen wäre das eine Struktur, die nicht nur beim Leben hilft, sondern die mithilft, zu bedenken, welche Lebenshilfe überhaupt akzeptabel sein soll – kurz, die mitdenkt und dabei die Entscheidungsmacht der Umgebung, die zu limitieren die "baseline" antritt, zugleich auf eine Metaebene transponiert, die schlussendlich helfen will, zu entscheiden, welche Entscheidungen sie treffen darf und treffen soll.

Hinter all diesen Maßnahmen macht sich allerdings ein Punkt bemerkbar, der durch solche Handlungsanweisungen weder aus der digitalen Welt geredet noch durch wohlgemeinte Aufklärungsappelle wegempfohlen werden kann: So ist in dem sehr grundsätzlich gehaltenen Text "Ambient Assisted Living" von Nadhem Kachroudi unter der

Überschrift „A. Anforderungen an die Assistenzsysteme"
etwas zu lesen, das schwerlich zu dem zu passen scheint,
was die Folgeüberschrift als „B. Anforderungen an die
Akteure" auflistet (vgl. Kachroudi 2010, 14). An die Adresse
der Technik gerichtet wird zunächst vor allem „Dezenz"
gefordert. Die Form, in der solche Systeme ihren Marsch zur
Unterstützung des Menschen antreten, soll nach Möglichkeit so unsichtbar wie möglich ausfallen. Es soll kaschiert
werden, dass Hilfe geleistet wird und dass Hilfe überhaupt
vonnöten ist: „[A.] 1. Unauffällige Überwachung: [...] Der
Benutzer des AAL-Systems soll seinen Alltag ganz normal
führen können, ohne dabei von den integrierten Unterstüt-
zungs- und Überwachungseinheiten körperlich oder seelisch
eingeschränkt oder gestört zu werden" (Kachroudi 2010, 14) –
dies jedoch geschieht (B.) – bei höchster *awareness*. Damit ist
jener Punkt angesprochen, der die Formulierung „Freiwillige
Fremdkontrolle" auf den Plan ruft. Die Betroffenen sollen
also gleichzeitig wissen und nicht wissen, sollen über die
getroffenen Maßnahmen aufgeklärt sein und sie dennoch
soweit vergessen, als ob sie weder um sie wüssten noch sie
eigens wahrnehmen würden oder wahrnehmen könnten.

Paradoxien dieser Art sind für den Umgang mit Medien
kennzeichnend, haben Kaschierungsstrategien auf den Weg
gebracht und das nach einer einfachen Formel: Je weniger
die Technik in Erscheinung tritt, desto besser gelingen die
jeweils angestrebten Mediatisierungen. Natürlich ist die
nicht wahrgenommene, weil unauffällige Intervention durch
die intelligenten *Environments* eine Preisgabe von Autonomie, sie ist nachgerade konstitutiv für die Umsetzung
solcher Umgebungen. Auf eine schwierig zu beschreibende
Weise wird der Mediennutzer, der früher gerne noch mit
dem Epitheton „kritisch" versehen und damit aus den Vor-
würfen eines unterstellten Autonomieverlustes gerettet
wurde, mit diesen Umgebungen verbunden, die eine
Trennung von Körper und Technik hinfällig machen und die
in der Praxis mit jener *Ubiquitousness* und *Seaminglessness*
von Medien aufwarten, die theoretisch von Autoren wie

Mark Weiser oder Matthew Chalmers beschrieben wurden (vgl. Weiser 1991).

Zur Disposition stehen damit Kriterien einer Akzeptanz von Technik, die man zugleich wissen und nicht wissen soll, einer Technik, die sich gegenüber der Antiquiertheit ihres Gegenübers, des Menschen, so sehr bewusst ist, dass sie gar nicht zu erkennen sein will, dass sie sich unauffällig in einem Hinter- und Untergrund hält, im backstage, um ihr Zielpublikum nicht allzu sehr zu beunruhigen. Mit Blick auf die Benutzerseite kommt darum gerade ein Begriff ins Spiel, der – nach Luhmann – immer schon als Mechanismus zur Reduktion von Komplexität greifen konnte: das Vertrauen.

> B. Anforderungen an die Akteure 1) *Akzeptanz und Vertrauen*: Die Akzeptanz der innovativen Dienstleistungen sowie das Vertrauen auf die im Hintergrund agierenden Technologien ist ein wesentlicher Faktor für den Erfolg des AAL-Konzeptes. Um die Zufriedenheit der Benutzer zu erreichen arbeiten Elektroingenieure, Multimediadesigner, Sozialwissenschaftler und Ärzte zusammen um Produkte zu entwickeln, die den Fähigkeiten, Bedürfnissen und Wünschen der pflegebedürftigen Personen angemessen sind. Auf das Vertrauen an die eingesetzte [sic!] Techniken können die Hausärzte der Patienten durch Empfehlungen und Betreuung Einfluss nehmen, was hier auch eine wichtige Rolle spielt. (Kachroudi 2010, 15)

Es ist dieses Vertrauen, das nicht zuletzt Strukturen wie die „baseline" der „awareness infrastructure" implementieren und evozieren sollen, um das jedoch auch auf dem Wege höchst überkommener anthropologischer Reflexe geworben wird, wie sie etwa zoomorphe Oberflächen mit flauschigen Robben, Topfpflanzen und Fotos von Familienangehörigen hervorrufen. Wie Untersuchungen ergeben haben, hat auch in der Altenbetreuung die Stunde der Tiere längst geschlagen – so jedenfalls konstatiert es ein Beitrag zum Thema tierischer Sozialarbeit, der die Tierroboter nicht nur zur Überwachung empfiehlt, sondern ganz besonders auf

deren Eignung als Gefährten in der Altenhilfe hinweist [Abb.
5] . Was unter dem Titel „Technik in animalischer Gestalt"
verhandelt wird, ist damit kein performativer Nebenkriegs-
schauplatz in einem Pflegedesign, das alte Menschen mit
Stofftierrobben versieht (Weiss 2012): Vielmehr zielt er
auf eine bestens erforschte Schnittstellendiskussion, die
das Tier-, Pflanze- und Naturwerden sogenannter *Natural
Human-Computer-Interfaces* ganz oben auf ihrer Agenda
hat – und die natürlich auch mit dem Anthropomorphismus
das Gesicht und die Gestalt des Menschen nie aus den
Augen verliert. Wohin man sieht und wenn man überhaupt
etwas sieht: Man starrt auf Oberflächen von Medien, die
anthropophil gestaltet sind.[12]

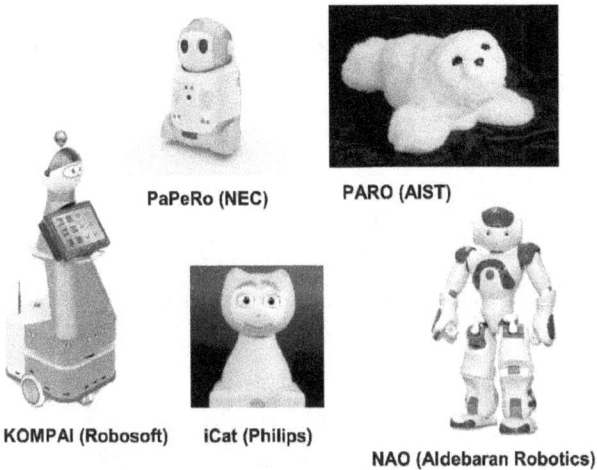

PaPeRo (NEC)   PARO (AIST)

KOMPAI (Robosoft)   iCat (Philips)

NAO (Aldebaran Robotics)

[Abb. 5] Beispiele für soziale Roboter (Morin et al. 2012, 837).

12   Zu den Anthropophiliestrategien zählen auch solche der Affekt-
      bindung. Vgl. dazu die Einleitung in das Heft *Technik | Intimität* der
      Zeitschrift für Medienwissenschaft (Andreas/Kasprowicz/Rieger 2015).

[Abb. 6] Digitales Familienporträt mit Schmetterlingslegende (Do/Jones 2012).

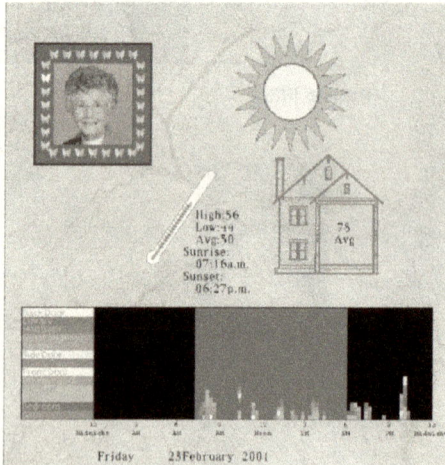

[Abb. 7] „Prototype of Digital Display" (Rowan 2005).

Ein Beitrag in einem 2012 erschienenen Handbuch zum AAL stellt eine entsprechende Variante vor, die sich über die Natur hinaus gar der klassischen Sentimentalitätsmedien und damit der Kultur selbst bedient: Der Beitrag „Happy Healthy Home" setzt dazu auf das *Digital Family Portrait*

[Abb. 6] . Dieses Verfahren soll es Familienmitgliedern aus der Distanz ermöglichen, was im Englischen ganz unverblümt „„to keep an eye' out for their family members in a casual, lightweight manner" heißt (Do/Jones 2012, 197).[13] Das Bild der älteren Dame, technisch umgesetzt als LCD Display, ist umgeben von Schmetterlingsikonen. Diese Ikonen [Abb. 7] verändern sich nach Datenlage dessen, was im Haus der Familienangehörigen passiert und informieren über deren Aktivitätsstatus: ob sie sich schont, ob sie in der Küche werkelt oder fernsieht, ob sie überhaupt noch lebt. Spätestens hier, im Performativ von Unterstützung und Assistenz, von aufgeklärter und sich selbst kaschierender Mediennutzung, das beim AAL so überdeutlich greifbar wird, werden Bezugnahmen virulent, die in der Diskussion um die Theoriefähigkeit das Reflexionsniveau einer zukünftigen Medientheorie mitbestimmen werden. Es wird nicht mehr allein um den Entzug und das Transparentwerden von Medien in Akten der Mediatisierung gehen, sondern um die Frage, inwieweit wir ihrem Verschwinden zustimmen, bzw. ob wir überhaupt noch von ihm wissen können und wissen können wollen. Die vermeintlichen Paradoxien der Gouvernementalität verlieren den Status des Widersprüchlichen. Sie werden in ein Technisch-Unbewusstes überführt, das der sozialen Praxis der Akzeptanzvermittlung und ihren vielfältigen Strategien geschuldet ist.

Literatur

Agre, Philip E. 1994. „Surveillance and Capture: Two Models of Privacy." In: *The Information Society: An International Journal* 10 (2), 101–127.

Andreas, Michael/Kasprowicz, Dawid/Rieger, Stefan 2015. „Technik | Intimität: Einleitung in den Schwerpunkt." In: *Zeitschrift für Medienwissenschaft* 15, 10–17.

Bartneck, Christoph et al. 2009. „My Robotic Doppelgänger: A Critical Look at the Uncanny Valley." Vortrag: *The 18th IEEE International Symposium on Robot and Human Interactive Communication: Sept. 27–Oct. 2*, Toyama, Japan, 269–276.

Bass, Thomas 1985. *The Eudaemonic Pie.* Boston: Houghton Mifflin.

Bell, Gordon/Gemmell, Jim 2007. „A Digital Life." In: *Scientific American* 296 (3), 58–65.

13   Zur Familiarisierung vgl. auch Sack/Röcker 2014.

72   Bell, Gordon/Gray Jim 2001. „Digital Immortality." In: *Communications of the ACM* 44 (3), 29–32.

Bell, Gordon 2015. „Counting Every Heart Beat: Observations by a Quantified Selfie." In: *Microsoft Research, Silicon Valley Laboratory: Technical Report: MSR-TR-2015-53*. San Francisco: Microsoft, June 16. Siehe: https://www.microsoft.com/en-us/research/wp-content/uploads/2015/06/MSR-TR-2015-53-Collecting-Every-Heart-Beat.pdf (gesehen am 28.11.2016).

Bense, Max 1998. „Kybernetik oder die Metatechnik einer Maschine." In: ders. *Ausgewählte Schriften*. 2. Bd.: *Philosophie der Mathematik, Naturwissenschaft und Technik*. Stuttgart, Weimar: Metzler, 429–446.

Brownstein, John S. et al. 2009. „Digital Disease Detection: Harnessing the Web for Public Health Surveillance." In: *The New England Journal of Medicine* 360 (21), 2153–2157.

Cook, Diane J. et al. 2003. „MavHome: An Agent-Based Smart Home." In: *Proceedings of the First IEEE International Conference on Pervasive Computing and Communications (PerCom 2003)*. Los Alamitos, CA: IEEE Computer Society, 521–524.

Czerwinski, Mary et al. 2006. „Digital Memories in an Era of Ubiquitous Computing and Abundant Storage." In: *Communications of the ACM* 49 (1), 44–50.

D'Angelantonio, Marco/Oates, John 2013. *Is Ambient Assisted Living the Panacea for Ageing Population?* Amsterdam et al.: IOS Press.

Do, Ellen Yi-Luean/Jones, Brian D. 2012. „Happy Healthy Home." In: Augusto, Juan Carlos et al. (Hg.): *Handbook of Ambient Assisted Living: Technology for Healthcare, Rehabilitation and Well-being*. Amsterdam et al.: IOS Press, 195–210.

Drobics, Mario et al. 2012. „LiKeIt: RFID-Based KeepInTouch Lifestyle Monitoring." In: Augusto, Juan Carlos et al. (Hg.): *Handbook of Ambient Assisted Living: Technology for Healthcare, Rehabilitation and Well-being*. Amsterdam et al.: IOS Press, 640–651.

Foucault, Michel 1977. *Überwachen und Strafen: Die Geburt des Gefängnisses*. Frankfurt/Main: Suhrkamp.

Gentry, Tony 2012. „Smart Home Technologies for People with Cognitive Impairment: An Affordable, Rehabilitative Approach." In: Augusto, Juan Carlos et al. (Hg.): *Handbook of Ambient Assisted Living. Technology for Healthcare, Rehabilitation and Well-being*. Amsterdam et al.: IOS Press, 535–548.

Groys, Boris 2000. *Unter Verdacht: Eine Phänomenologie der Medien*. München: Hanser.

Han, Byung-Chul 2014. „Im digitalen Panopticum." In: *Der Spiegel* 02/2014, 106–107.

Heidegger, Martin 1985. „Bauen Wohnen Denken." In: ders.: *Vorträge und Aufsätze*. 5. Aufl. Pfullingen: Neske, 139–156.

Huijnen, C. et al. 2011. „‚Maybe it Becomes a Buddy, But Do Not Call It a Robot': Seamless Cooperation between Companion Robotics and Smart Homes." In: *Ambient Intelligence Lecture Notes in Computer Science* 7040, 324–329.

Intille, Stephen S. 2006. „The Goal: Smart People, Not Smart Homes". In: Augusto, Juan Carlos/Nugent, Chris (Hg.): *Smart Homes and Beyond: ICOST2006, 4th International Conference on Smart Homes and Health Telematics*. Amsterdam et al.: IOS Press, 3–6.

JutanJulOnline 2013. „Panopticum of the Digital Sphere." In: *JutandJulOnline: A Digital Experience*, 31. Mai.
https://jutandjulonline.wordpress.com/2013/05/31/the-panopticum-of-the-digital-sphere/ (gesehen am 19.01.15).

Kachroudi, Nadhem 2010. „Ambiend Assisted Living." In: Schaub, Florian et al. (Hg.): *Proceedings of the Seminar „Research Trends in Media Informatics"*. Ulm: Universität Ulm. Fakultät für Ingenieurwissenschaften und Informatik, 13–20.

Kearns, William/Fozard, James L. 2012. „Tracking Natural Human Movements Identifies Differences in Cognition." In: Augusto, Juan Carlos et al. (Hg.): *Handbook of Ambient Assisted Living: Technology for Healthcare, Rehabilitation and Well-being*. Amsterdam et al.: IOS Press, 331–345.

Kimyonghun, Shinseungback 2014. „Aposematic Jacket." In: *ssbkyh.com*. Siehe: http://ssbkyh.com/works/aposematic_jacket/ (gesehen am 19.01.2015).

Langheinrich, Marc 2001. „Privacy by Design: Principles of Privacy-Aware Ubiquitous System." In: Abowd, Gregory D./Burmitt, Barry/Shafer Steven (Hg.): *Ubicomp 2001: Ubiquitous Computing. International Conference Atlanta Georgia, USA, September 30–October 2, Proceedings*. Berlin, Heidelberg: Springer, 273–291.

Luhmann, Niklas 1993. „Individuum, Individualität, Individualismus." In: ders.: *Gesellschaftsstruktur und Semantik: Studien zur Wissenssoziologie der modernen Gesellschaft, Bd. 3*. Frankfurt/Main, 149–258.

Mann, Steve 1997. „Eudaemonik Computing (,Underwearables')." Vortrag: *First International Symposium on Wearable Computers, October 13–14, Cambridge, MA: Digest of Papers*. Cambridge, MA, 177–178.

Mann, Steve/Nolan, Jason/Wellman, Barry 2003. „Sousveillance: Inventing and Using Wearable Computing Devices for Data Collection in Surveillance Environments." In: *Surveillance & Society* 1 (3), 331–355.

Mann, Steve et al. 2015. „Declaration of Veillance (Surveillance is Half-Truth)." Vortrag: *Games Entertainment Media Conference (GEM): October 14–16*. Toronto, ON: IEEE.

Manzeschke, Arne et al. 2013. *Ethische Fragen im Bereich altersgerechter Assistenzsysteme: Ergebnisse der Studie*. Berlin: VDI.

Michael, Katina 2014. „Beyond Human: Lifelogging and Life Extension." In: *IEEE Technology and Society Magazine* 33 (2), 4–6.

Modi, Shimon K. 2012. „Biometrics in Healthcare: A Research Overview." In: Augusto, Juan Carlos et al. (Hg.): *Handbook of Ambient Assisted Living: Technology for Healthcare, Rehabilitation and Well-being*. Amsterdam et al.: IOS Press, 118–132.

Morin, Fabrice O. et al. 2012. „Growing Older Together: When a Robot Becomes the Best Ally for Ageing Well." In: Augusto, Juan Carlos et al. (Hg.): *Handbook of Ambient Assisted Living: Technology for Healthcare, Rehabilitation and Well-being*. Amsterdam et al.: IOS Press, 834–851.

74   Mozer, Michael C. 2005. „Lessons from an Adaptive Home." In: Cook, Diane
J./Das, Sajal K. (Hg.): *Smart Environments: Technologies, Protocols, and
Applications*. Hoboken, NJ: Wiley, 273–294.

Müller, Timo 2010. „Intelligent Environments." In: Schaub, Florian et al. (Hg):
Proceedings of the Seminar „Research Trends in Media Informatics". Ulm: Universität Ulm. Fakultät für Ingenieurwissenschaften und Informatik, 5–11.

Newman, William M./Eldridge, Margery A./Lamming, Michael G. 1991. „PEPYS:
Generating Autobiographies by Automatic Tracking." In: Bannon, Liam/
Robinson, Mike/Schmid, Kjeld (Hg.): *Proceedings of the Second European
Conference on Computer Supported Cooperative Work: 24.–27. September
Amsterdam*. Dordrecht, Boston, London: Kluwer, 175–188.

Orland, Barbara 2005. „Wo hören Körper auf und fängt Technik an? Historische Anmerkungen zu posthumanistischen Problemen." In: dies. (Hg.):
*Artifizielle Körper – lebendige Technik: Technische Modellierungen des Körpers
in historischer Perspektive*. Zürich: Chronos, 9–42.

Pfadenhauer, Michaela/Dukat, Christoph 2014. „Künstlich begleitet: Der
Roboter als neuer bester Freund des Menschen?" In: Grenz, Tilo/Möll,
Gerd (Hg.): *Unter Mediatisierungsdruck: Änderungen und Neuerungen in
heterogenen Handlungsfeldern*. Wiesbaden: Springer VS, 198–210.

Rieger, Stefan 2001. *Die Individualität der Medien: Eine Geschichte der
Wissenschaften vom Menschen*. Frankfurt/Main: Suhrkamp.

Rieger, Stefan 2015. „Smart Homes: Zu einer Medienkultur des Wohnens." In:
Sprenger, Florian/Engemann, Christoph (Hg.): *Internet der Dinge: Smarte
Objekte, intelligente Umgebungen und die technische Durchdringung der
Welt*. Bielefeld: Transcript, 363–381.

Roßnagel, Alexander/Müller, Jürgen 2004. „Ubiquitous Computing. Neue
Herausforderungen für den Datenschutz: Ein Paradigmenwechsel und die
von ihm betroffenen normativen Ansätze." In: *Computer und Recht* 20 (8),
625–632.

Sack, Oliver/Röcker, Carsten 2014. „‚Like a Family Member Who Takes Care
of Me': Users' Anthropomorphic Representations and Trustworthiness of
Smart Home Environments." In: *International Journal of Virtual Worlds and
Human-Computer Interaction* 2 (1), 28–36.

Smit, Gerard J. M./Havinga, Paul J. M. 2000. „Lessons Learned From the
Design of a Mobile Multimedia System in the Moby Dick Project."
In: Tomas, Peter/Gellersen, Hans W. (Hg.): *Handheld and Ubiquitous
Computing, 2nd International Symposium, Bristol UK, September 25–27*. Berlin
et al.: Springer, 85–99.

Spiekermann, Sarah/Pallas, Frank 2006. „Technology Paternalism – Wider
Implications of Ubiquitous Computing." In: *Poiesis and Praxis* 4(1), 6–18.

Stöcker, Christian 2014. „Nest-Übernahme: Google will in Ihr Schlafzimmer."
In: *Spiegel Online* 14.01.2014. Siehe: http://www.spiegel.de/netzwelt/
gadgets/nest-uebernahme-google-will-in-ihr-schlafzimmer-a-943406.
html (gesehen am 11.04.2015).

Teuteberg, Jürgen 1985. „Betrachtungen zu einer Geschichte des Wohnens."
In: ders. (Hg.): *Homo Habitans: Zur Sozialgeschichte des ländlichen und
städtischen Wohnens in der Neuzeit*. Münster: Coppenrath, 1–23.

Thorp, Edward O. 1988. „The Invention of the First Wearable Computer." In: *Second International Symposium on Wearable Computers, October 19–20, Pittsburgh, Pennsylvania: Digest of Papers*, 4–8.

Ware, Willis H. 1993. „The New Faces of Privacy." In: *The Information Society: An International Journal* 9 (3), 195–212.

Weiser, Mark 1991. „The Computer for the 21th Century." In: *Scientific American* 265 (3), 94–104.

Weiss, Astrid 2012. „Technik in animalischer Gestalt: Tierroboter zur Assistenz, Überwachung und als Gefährten in der Altenhilfe." In: Buchner-Fuhs, Jutta/Rose, Lotte (Hg.): *Tierische Sozialarbeit*. Wiesbaden: Springer VS, 429–442.

Abbildungen

Abb. 1: Mann, Stephanie 2013. „Surveillance versus Sousveillance." [Skizze von Steve Manns 6-jähriger Tochter]. *wikipedia.org*. Siehe: https://en.wikipedia.org/wiki/File:SurSousVeillanceByStephanieMannAge6.png (gesehen am 18.01.15).

Abb. 2: Mann, Steve. 1994–2013. „Ceiling dome at MIT Coop in Kendall Square (picture I took 1994), as inspiration for my Wearable Wireless Webcam dome (camera with fisheye lens and various sensors conspicuously concealed in a camera dome, picture I took 1998), together with pictures I took of Microsoft Sensecam and Memoto, for comparison, in also photographed in Koffler Student Services Centre." [Chronologie tragbarer Kameras]. *wikipedia.org*. Siehe: https://en.wikipedia.org/wiki/File:SurveillanceSousveillanceLifeGloggingMannSensecamMemoto.jpg (gesehen am 18.01.15).

Abb. 3: Mann, Steve. 2001. „Aposematic Jacket and Invisibility Suit." *wikipedia.org*. Siehe: https://en.wikipedia.org/wiki/File:AposematicJacket.jpg (gesehen am 18.01.15).

Abb. 4: „MavHome Abstract Architecture." In: Müller, Timo 2010. „Intelligent Environments." In: Schaub, Florian et al. (Hg.): *Proceedings of the Seminar „Research Trends in Media Informatics"*. Ulm: Universität Ulm. Fakultät für Ingenieurwissenschaften und Informatik, 5–11, hier: 10.

Abb. 5: „Examples of social robots." In: Morin, Fabrice O. et al. 2012. „Growing Older Together: When a Robot Becomes the Best Ally for Ageing Well." In: Augusto, Juan Carlos et al. (Hg.): *Handbook of Ambient Assisted Living: Technology for Healthcare, Rehabilitation and Well-being*. Amsterdam et al.: IOS Press, 834–851, hier: 837.

Abb. 6: „Digital Family Portrait of Grandma's activities as butterfly icons." In: Do, Ellen Yi-Luean/Jones, Brian D. 2012. „Happy Healthy Home." In: Augusto, Juan Carlos et al. (Hg.) *Handbook of Ambient Assisted Living: Technology for Healthcare, Rehabilitation and Well-being*. Amsterdam et al.: IOS Press, 195–210, hier: 197.

Abb. 7: „Prototype of Digital Display". In: Rowan, James Thomas 2005. *Digital Family Portraits: Support for Aging in Place*. Dissertation: College of Computing, Georgia Institute of Technology, Atlanta, GA, 56.

ANTHROPOTECHNIK

MENSCH-MASCHINE-INTERAKTION

INTERFACE

BEDIENUNGSFREUNDLICHKEIT

ANTHROPOLOGIE

[4]

Schnittstelle „Mensch": Zum Forschunginstitut für Anthropotechnik

Kevin Liggieri

Die Untersuchung soll ihren Fokus auf die Institutionalisierung des zumindest in Europa wirkmächtigen Begriffes *Anthropotechnik* in der Ergonomie richten und stellt die Frage, was für ein Menschenbild/ Anwenderbild die Felder der modernen Ergonomie anhand des von Rainer Bernotat begründeten Forschungsinstituts für Anthropotechnik generieren und welche verschiedenen Wissenschaftsfelder für die Konstitution dieser ergonomischen Anthropotechnik notwendig sind. *Anthropotechnik* ist im Feld der deutschen Arbeitswissenschaft in den 1960er–1990er Jahren (sowie teilweise bis heute) ein wichtiger und geläufiger Terminus, der die Anpassung der Maschine an den Menschen bezeichnet.

Besonders im Feld der Ergonomie und der Mensch-Maschine-Schnittstelle zeigt sich jene Konnotation von Anthropotechnik als zentral, die sich im Deutschland der 1960er Jahre ausbildete. Das vorliegende Projekt versucht in diesem Sinne zu zeigen, wie sich in der Position gleichwertiger Mensch-Maschine-Aktanten eine Möglichkeit der Konstitution von Systemen als menschlich-maschinelle Konstrukte aufdeckt, und wie man sich dem essentiellen Problem der Positionierung des Menschen in diesem technischen System in einer (nach-)kybernetischen Epoche annähert (aber auch, wo man kybernetisches Denken übernimmt).

Der Mensch schuf sich die Technik. Wird
er ihr Diener, so hat er seine Fähigkeiten
nicht genutzt. (Bernotat 1965, I)

Das voranstehende Zitat leitet nicht nur die Habilitationsschrift *Die Informationsdarstellung als anthropotechnisches Problem der Flugführung* (1965) des Elektrotechnikers und Begründer des Forschungsinstituts für Anthropotechnik (FAT), Rainer Bernotat, ein, sondern bildet außerdem das Programm und den Auftakt seiner Arbeiten zur Mensch-Maschine-Interaktion. Das Zitat zeigt eindrücklich, die besondere Stellung des Menschen, der sich selbst nicht mehr degradiert als Diener (oder technischer Servo) einer Maschine versteht, sondern als autonomer

Handlungs- und Verantwortungsträger.[1] Die vorliegende
wissenschaftshistorische Untersuchung orientiert sich an
dieser Programmatik und will den Fokus auf die Institutionalisierung des wirkmächtigen Begriffes *Anthropotechnik*
in den deutschen Ingenieurwissenschaften richten. Dieser
Terminologie liegt eine anthropophile Vision einer Technik
zugrunde, die sich in Form von Konstruktionen (u. a.
Interfaces) an den Menschen anpassen sollte. Die tech-
nikwissenschaftliche *Anthropotechnik* war ab den 1960er
Jahren zum humanistischen Schlagwort für eine benutzer-
freundliche Technikgestaltung geworden, mit denen die
Akteure eine bestimmte Vorstellung vom Menschen wie
von der Maschine verbanden. Das Interface sollte für
eine effiziente Interaktion *natürlich* (u. a. intuitiv, effizient)
gestaltet sein und das bedeutet hier: angepasst an die dyna-
mische „Natur" des Menschen. Der Mensch sollte sich als
Bediener nicht mehr nur nach der Technik richten, sondern
die Technik sich nach den *natürlichen* Leistungsgrenzen des
Menschen, welche (u. a. in Laboruntersuchungen) das Forschungsinstitut für Anthropotechnik untersuchte. Nicht nur
rhetorisch, sondern ebenso praktisch wurde der Mensch
Ausgang und Ziel der technischen Konstruktion. In diesen
historischen (wie aktuellen) User-Konzepten schrieb sich ein
anthropozentrischer Impetus mit ein, der den Menschen als
außerordentliches Glied in der Mensch-Maschine-Interaktion
begriff, das sich einer reinen mathematisch-rationalen
Ordnung immer auch entzog.[2] Wie weit der „Mensch", von
dem man hier spricht und zu „dessen Befreiung [von der
Technik, K.L.] man einlädt", wie Michel Foucault es in seinem
berühmten Buch Überwachen und Strafen formulierte,
am Ende selbst durch die Anthropotechnik unterworfen
wurde, muss dabei mitberücksichtigt werden (Foucault

1   Vgl. zum Diener Krajewski 2010 sowie zum Menschen als
      kybernetischen Servo Scherffig 2009, zum technischhistorischen Kon-
      text der 1950/60er Jahre Heßler 2015.
2   Vgl. zur aktuellen humanistischen Rhetorik einer Anpassung der
      Technik an den Menschen das sprechende Forschungsprogramm
      „Technik zum Menschen bringen" vom Bildungsministerium für
      Bildung und Forschung von 2015 (BMBF 2015).

1994, 42). Die Rhetorik anthropotechnischer Akteure, die den Mensch als „Herrscher-Subjekt" und die Technik als „Dienerin" proklamierten, stellt dabei ein Symptom der Zeit dar. So richteten sich im deutschen Diskurs die Ingenieure gegen eine geisteswissenschafltiche Technikkritik (u. a. des Automatisierungsdiskurses der 1950/60er Jahre) wie gegen eine Kybernetisierung des Menschen. Dabei wird allerdings im Diskurs um die *Anthropotechnik* verschwiegen, dass, wie ebenfalls Foucault erkennt, das

> Wort Subjekt [...] einen zweifachen Sinn [hat]: vermittels Kontrolle und Abhängigkeit jemandem unterworfen sein und durch Bewußtsein und Selbsterkenntnis seiner eigenen Identität verhaftet sein. Beide Bedeutungen unterstellen eine Form von Macht, die einen unterwirft und zu jemandes Subjekt macht. (Foucault 1987, 246ff.)

Trotz der humanistischen Proklamationen und dem dynamischen Menschenbild generierten die Forschungen der Anthropotechnik demnach ebenfalls Subjekte (User), die in der Interaktion mit den Maschinen als Gesamtsystem effizient und ökonomisch funktionieren sollten. Mit Blick auf diese Problematisierungen muss die Frage gestellt werden, was für ein Menschenbild/Anwenderbild die Felder der ergonomischen Anthropotechnik (seit 1960) im deutschen Raum erzeugten und welche verschiedenen Wissenschaftsbereiche für die Konstitution dieser Anthropotechnik notwendig waren (wie Anthropometrie, Psychotechnik, Psychologie der Wahrnehmung, Regelungstechnik und Kybernetik). Anhand von Primärquellen sowie Nachlässen wird versucht, die Bedingungen des Forschungsinstitutes für Anthropotechnik (gegr. 1969) ausfindig zu machen und in Form einer wissenschaftshistorischen Rekonstruktion den Konzeptionen von Mensch, Maschine und Vermittlung nachzugehen. Abschließend sollen auf dieser Basis philosophische Reflexionen über die Beziehung zwischen Mensch und Maschine sowie über eine anthropotechnische Anthropologie versucht werden.

1. Die Anfänge einer Anthropotechnik

Das weite Begriffsfeld einer *Menschenbehandlung* (als andere Form einer Anthropotechnik im Unterschied zur Sloterdijkschen *Menschenzucht*) zentriert und modifiziert sich im Deutschland der 1950/60er Jahre, da sich hier neben einem traditionellen Gebrauch ein Wandel im τέχνη- und ἄνθρωπος-Begriff andeutet. Folgt man dem Wissenschafts-historiker Henning Schmidgen, so mag zwar ein „Begriff [...] die kleinste Einheit epistemischer Integration sein, seine Wirkungen entfalten sich aber nicht unabhängig vom globalen Zustand eines theoretischen Terrains, auf dem er angesiedelt ist" (Schmidgen 2008, 161). Ändert sich das historische wie theoretische „Terrain", so verschiebt bzw. ändert sich auch die Begriffsbedeutung. In diesem Sinne bildet *Anthropotechnik* im Feld der deutschen Arbeits- und Technikwissenschaften in den 1960er bis 1990er Jahren (sowie teilweise bis heute, vgl. den Fachausschuss Anthropo-technik der Deutschen Gesellschaft für Luft- und Raum-fahrt) einen wichtigen und geläufigen Terminus, der die Anpassung der Maschine an den Menschen bezeichnet; also das englische *Human Factors Engineering*, an dem der Begriff angelehnt ist.

Schaut man genauer auf den deutschen Sprachraum, so wird deutlich, dass der Begriff *Anthropotechnik* im frühen zwanzigsten Jahrhundert wenig ausgeprägt bleibt und bis 1960 im Sinne William Sterns in Abgrenzung zu *Psycho-technik* und *Biotechnik* gebraucht wurde (vgl. Liggieri 2016). 1960 erfuhr der Begriff *Anthropotechnik* allerdings eine nicht minder bedeutsame Umdeutung, die den Anstoß zur Etablierung einer eigenen technikwissenschaftlichen Disziplin sowie eines Institutes geben und seine historische Polyvalenz auf eine bestimmte Definition (zumindest im deutschen Sprachraum) festlegen wird. Diese zentrale Definition bekam der Begriff im flugmedizinischen Dis-kurs rund um die bemannte Raumfahrt. Dieses geschah Anfang der 1960er Jahre durch den Flugmediziner und oft betitelten Begründer des Begriffes Heinz von Diringshofen

(1900–1967). Der frühere Oberstabsarzt der Luftwaffe Diringshofen, dessen nationalsozialistische Vergangenheit in Bezug auf den KZ-Arzt Sigmund Rascher und den Unterdruckversuchen in Dachau in diesem Rahmen nicht genauer betrachtet werden kann, verwendete den Begriff als Synonym für die amerikanische Forschung zur Cockpitgestaltung *Human Factors Engineering*. „Die Anthropotechnik hat im Sinne des ‚Human Engineering' die Aufgabe", so Diringshofen, „möglichst günstige Bedingungen für die Funktionen der Menschen im technischen System zu suchen, um Zuverlässigkeit und Leistung eines Mensch-Maschine-System zu optimieren" (Diringshofen 1963, 500). Die Anthropotechnik agierte demnach bei Diringshofen als zweckmäßiger Begriff einer Anpassung von Führungssystemen der Luft- und Raumfahrzeuge an medizinisch-physiologische Leistungsgrenzen, wobei Mensch und Maschine eine Funktionseinheit herstellen sollten. Der Begriff von Diringshofen wurde zwar in einem flugphysiologischen und flugmedizinischen Feld begründet, dann aber bereits Ende der 1960er Jahre vom Elektrotechniker Rainer Bernotat als führendem Denker der deutschen *Anthropotechnik* als Leitbegriff einer „bestmöglichen Gestaltung" vom „Zusammenwirken von Mensch und Maschine [...] durch Anpassung der Maschine an den Menschen" hinsichtlich Leistung, Zuverlässigkeit und Wirtschaftlichkeit verwendet (Bernotat 1987, 8). Da die Anthropotechnik (Human Factors Engineering) in der Luftfahrttechnik und -forschung in Deutschland insbesondere im Vergleich zu England und den USA bis dahin wenig Beachtung gefunden hatte, wurden in ersten, meist theoretischen Studien relevante psychologische Fragestellungen zu Problemen der Flugmechanik, Flugregelung und Instrumentierung eruiert (Diringshofen), aus denen dann einschlägige Forschungsvorhaben entwickelt werden sollten (Bernotats Forschungsinstitut).

Wo der Begriff und das Programm *Anthropotechnik* bei Diringshofen noch eine konzeptuelle Form hatte, die noch nicht mit expliziten Praktiken verbunden war, wurde er bei

Bernotat zum forschungsleitenden Konzept, in dem sich
nicht nur epistemische, politische, soziale oder militärische
Interessen wiederfinden lassen, sondern auch – das scheint
den aufgeladenen Termini *anthropos* und *téchne* immer
miteingeschrieben – anthropologisch-praktische. Will man
Bernotat, der den Begriff aufnahm, weiterentwickelte und in
der Ingenieur- und Arbeitswissenschaft institutionalisierte,
glauben, so war in den 1960er Jahren Diringshofens Idee
„der Anpassung der Technik an den Menschen [...] für die
Techniker in Industrie und Verwaltung neu" (Bernotat/
Seifert 1998, 2). Diese Aussage ist allerdings mit Blick auf
das Konzept der objektpsychotechnischen Sinnfälligkeit der
1920er Jahre sowie mit Blick auf das US-amerikanische und
britische Ausland fragwürdig. Die Idee der Anpassung von
Arbeitsgeräten (sowie des Arbeitsumfeldes) war keineswegs
gänzlich innovativ, wie die Objektpsychotechnik von Fritz
Giese aus den 1920er Jahren verdeutlicht (vgl. Liggieri
2017a). Die Psychotechnik bereitete somit teilweise den
wissenschaftlichen Rahmen vor, in dem sich zumindest
strukturell ebenfalls die *Anthropotechnik* (Objektpsychotechnik) und der *Faktor Mensch* (Subjektpsychotechnik)
wiederfinden ließen. Giese, als einer der wichtigsten psycho-
technischen Vertreter, formulierte 1928 dementsprechend:

> Wird der Mensch als Betriebsfaktor angepaßt den
> Bedingungen des Wirtschaftslebens, so sprechen wir
> von ‚Subjektpsychotechnik'. Wird dagegen die Materie,
> der Gegenstand, die Umwelt oder das Gerät angepaßt
> der gegebenen psychologischen Natur des Menschen,
> so heißen wir dies ‚Objektpsychotechnik'. (Giese 1928, 8)

Diese strukturelle Verbindung war interessanterweise auch
dem Institutsgründer Bernotat bewusst, wenn er anmerkt,
dass *Anthropotechnik* eine historische Verbindung zur
Psychotechnik in der Arbeitswissenschaft der 1920er Jahre
aufweist, „[w]ann und wieso diese Arbeitsbereiche verschwanden, ist den Autoren aber nicht bekannt"[3] (Bernotat/

---

3 Ob die Arbeitsbereiche überhaupt verschwanden, bleibt fragwürdig,
   eher transformierten und modifizierten sich diese Problematiken.

Seifert 1998, 3). Trotz dieser strukturellen Ähnlichkeit muss man durch Einflüsse der Kybernetik, Regelungstechnik sowie der pragmatisch ausgerichteten US-amerikanischen Forschung von einer veränderten Aufnahme des *Faktors Mensch* sprechen, auf die der (vermeintliche) Neologismus Anthropotechnik in Inhalt und Praxis reagierte. Dabei bekam gerade die Maschine (und Information), mit der der Mensch interagierte, einen anderen Stellenwert als noch bei Gieses meist mechanischer Objektpsychotechnik. Dennoch finden sich Aufteilungen der Subjekt- und Objektpsychotechnik ebenso bei den technikwissenschaftlichen Lösungsansätzen wieder, die Bernotat verwendete. So wurde *Anthropotechnik* komplementär zum Begriff *Faktor Mensch* entworfen, welches die traditionelle Anpassung des Menschen an die Technik bezeichnete. Beide Kategorien waren in Bernotats Schema gleichrangig und ergaben zusammen das Mensch-Maschine-System (vgl. Abb. 1). Im folgenden Abschnitt soll nun konzis auf den angeführten Institutsgründer Rainer Bernotat eingegangen werden, da seine Geschichte eng mit der des Institutes für Anthropotechnik und dessen Forschungsaufgaben verknüpft ist.

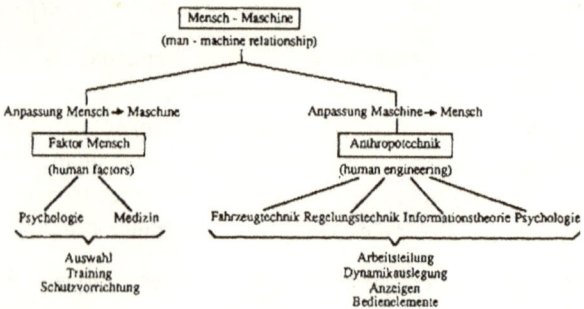

[Abb. 1] Faktor Mensch –Anthropotechnik (Bernotat 2008 [1987], 2).

Der Autor arbeitet momentan an einer Studie zu diesen Modifikationsprozessen.

2. Rainer Bernotat und das FAT

Rainer Bernotat (1932–2011) studierte an der TU Berlin
Hochfrequenz- und Nachrichtentechnik und wurde 1959
Forschungsassistent im Bereich Flugführung bei Edgar
Rößger.[4] Obwohl er stets, und das scheint bezeichnend, für
die Anthropotechnik als internationales Konzept eintrat,
wandte er sich gegen die Ergonomie, da diese für ihn eine
englische Richtung war, die zu stark Arbeitsphysiologie
betrieb und damit weniger auf den psychophysischen
(Problem-)Faktor Mensch im Regelkreis als mehr auf
physiologische Aspekte einging. Für Bernotat stand der
Mensch, dessen Leistungsgrenzen und die Anpassung der
Technik im Vordergrund. In seiner Anthropotechnik musste
der Mensch daher immer mitgedacht werden.[5] Wie sich
dieses geisteswissenschaftlich-fundierte „Mitdenken des
Menschen" ausgehend von humanistischer Rhetorik in
Form einer anthropozentrischen Verbindung von Technik
und Mensch nicht nur im Begriff der Anthropotechnik
selber, sondern eben auch in verschiedenen Forschungs-
programmen und praktischen Umsetzungen manifestierte,
scheint dabei philosophisch interessant zu sein, wie noch
gezeigt werden soll.

Nach Bernotats Promotion 1963 zum Thema *Zur Kompensation magnetischer Störfelder und ihrer Auswirkung in
kompaß-gestützten Kurskreisel-Anlagen von Großflugzeugen*
und seiner Habilitation 1965 zum Thema *Informationsdarstellung als anthropotechnisches Problem der Flugführung*
war die Möglichkeit auf einen Lehrstuhl eher gering. Die
Alternative also: eine eigene Forschungsgruppe *Anthropotechnik* in Berlin gründen. Zu seinem Glück und obendrein

4　Für diese biographischen Angaben sowie der Zusendung von
　　Unterlagen aus dem Nachlass von Rainer Bernotat danke ich
　　Bernhard Döring.
5　Bernotat zufolge wurde „[a]usgehend von der ingenieurwissenschaft-
　　lichen Betrachtungsweise des Menschen als Element des Regelkreises
　　das Forschungsinstitut für Anthropotechnik ab August 1967 auf-
　　gebaut" (Bernotat 2008 [1987], 4). Hierfür wurde Bernotat dann von
　　seiner Lehrtätigkeit an der TU Berlin freigestellt.

als Zeichen, dass *Anthropotechnik* als Konzept und Forschungsvorhaben die Probleme und Vorstellungen der Zeit widerspiegelte, kam ein Angebot vom Bundesamt für Verteidigung (unter dem persönlichen Einsatz vom Ministerialdirigent Ernst Schulze) für den Aufbau eines ganzen Institutes für Anthropotechnik. Dass die 1955 gegründete Bundeswehr mit Blick auf das angelsächsische Human-Engineering-Programm Interesse an militärischer Grundlagenforschung und auf diese Weise an Projektverbünden (zu denen das Anthropotechnische Institut zählen sollte) hatte, scheint dabei wenig überraschend, dass sie einem relativen Neuling wie Bernotat kurz nach seiner Habilitation diese Aufgabe übertrugen allerdings umso mehr. Die militärpolitische Bedeutung des Anwendungsfeldes der Anthropotechnik zeigte sich vor der Gründung des Institutes im *Bundesbericht Forschung III* (Beschluss des Deutschen Bundestages vom 30. Juni 1965), der auf die Problematisierungsdiskurse einer *Anthropotechnik* referierte und sie damit auf die politische Agenda setzte. Unter dem Punkt 1.3.5 „Forschung und Entwicklung für die Verteidigung", Unterpunkt „Wehrmedizinische Forschung" (hier noch am flugmedizinischen Gebiet des terminologischen Vaters Diringshofen angelehnt) wird demzufolge vermerkt, dass die

> fortschreitende Entwicklung der hochtechnisierten Waffensysteme [...] den Menschen, der sie bedienen soll, an die Grenze der Leistungsfähigkeit [bringt]. Die Wehrmedizin hat sich besonders der Ermittlung physiologischer Daten zur Leistungsfähigkeit zu widmen und in enger Zusammenarbeit mit den technischen Disziplinen die wechselseitige Anpassungsfähigkeit zu testen. Um die Anpassung der Waffensysteme an den Menschen zu optimieren, werden Forschungsarbeiten auf dem Gebiet der Anthropotechnik durchgeführt. Zu den Problemen der Wehrmedizin besteht eine enge Verbindung. (Bundesbericht Forschung III 1965, 103)

Ein weiterer Bezug kam im gleichen Bericht unter dem Punkt „Halbleiter, Fernmeldetechnik, Datenverarbeitung" auf, wobei es besonders um die als produktiv rezipierte Datenverarbeitung ging:

> Die Forschung auf dem Gebiet der Datenverarbeitung hatte ihren Schwerpunkt in der Realzeitdatenverarbeitung. Künftig wird noch größere Aufmerksamkeit der Datenverarbeitung für den Aufbau von Führungssystemen gewidmet werden. Dazu ist der Aufbau verschiedener Forschungsinstitutionen notwendig [gemeint war das Forschungsinstitut für Funk und Mathematik, welches Fragen der Realzeitdatenverarbeitung und die Anwendung der Rechenmaschine für Führungssysteme bearbeitete, sowie Bernotats Forschungsgruppe für Anthropotechnik, die sich den Fragen nach Anpassung der Maschine an den Menschen widmete, K.L.]. (Bundesbericht Forschung III 1965, 105)

Besonders das Gebiet der Anthropotechnik und die Etablierung des dazugehörigen Institutes (aus der Forschergruppe) galten somit für das Militär aufgrund seiner Forschungsgebiete zur EDV-gestützten Führung von Luft-, See- und Landfahrzeugen, Sensortechnik sowie zu militärischen Simulationsanlagen als zentral. Das zeigt sich deutlich im sicherheitspolitischen Grundlagendokument, welches durch das Bundesministerium der Verteidigung erarbeitet und durch die Bundesregierung verabschiedeten wurde, dem *Weißbuch* von 1970. Hier wird neben der Nennung des FAT (gegr. 1969) auch der finanzielle Betrag genannt, der für Wehrforschung veranschlagt war. So standen für das Jahr 1970 ingesamt „fast 160 Millionen DM" zur Verfügung (Weißbuch 1970, 151). Davon bekam die Astrophysikalische Gesellschaft (Vorgängereinrichtung der Forschungsgesellschaft für Angewandte Naturwissenschaften e. V.) – worunter das FAT fiel – 1969 6,6 Millionen (Weißbuch 1970, 152). Im *Bundesbericht Forschung IV. Band 2: Bericht der Länder* von 1972 zeigt sich der Bezug zur Anthropotechnik unter 2.5 „Forschung und Entwicklung für die Verteidigung und für den Zivilschutz", Unterpunkt 2.5.2 „Wehrtechnische Forschung für breitere Anwendungsbereiche" (Bundesbericht Forschung IV 1972, 44). Finanziert wurden diese Forschungen aus dem Ressort des Bundesministeriums der Verteidigung mit dem klaren Ziel einer „Bereitstellung allgemeiner technologischer Erkenntnisse für wehrtechnische Verteidigung" (Bundesbericht Forschung IV 1972, 44). Die Schwerpunkte reichten dabei von Leistung und Manövrierfähigkeit von Flugzeugen, über Verbesserung und Erweiterung der Einsatzmöglichkeit und -bereitschaft von fliegenden Waffenträgern bis zu dem für die Anthropotechnik wichtigen „Zusammenwirken Mensch/technische Systeme zur erleichterten Handhabung komplexer Waffensysteme" (Bundesbericht Forschung IV 1972, 45). Der User war hier kein ausgebildeter Ingenieur oder Informatiker, sondern der Soldat, der schnell und einfach „komplexe Waffensystem" handhaben musste. Die Relevanz der *Anthropotechnik* für die Konstruktion bedienungsfreundlicher Systeme wurde, wie die Zahlen und Daten zeigen, zuerst vom Bundesministerium der Verteidigung erkannt, welches auch die Zielsetzung und Vorgaben für Bernotats Institut lieferte (Bundesbericht Forschung IV 1972, 45; Der Bundesbeauftragte für die Unterlagen des Staatssicherheitsdienstes der ehemaligen DDR 2013, 213ff.).

1967 siedelte Bernotat diesem Angebot des Militärs folgend mit 7 Mitarbeitern nach Meckenheim bei Bonn, wo das Institut errichtet wurde. Bernotat selbst wurde 1969 Direktor des international agierenden Institutes, welches schnell auf 50 Mitarbeiter expandierte, davon 20 Wissenschaftler.

Das Institut war in verschiedene Forschungsgruppen aufgeteilt, die im Folgenden genauer erläutert werden sollen:
1. Anzeigen
2. Bedienelemente
3. Simulationstechnik
4. Regler Mensch

Die Forschungsgruppen richteten sich, programmatisch für die Anthropotechnik, auf den „Regler und Überwacher

Mensch" aus (vgl. Abb. 2), wobei der dargestellte Regelkreis
zwischen „Mensch", „Bedienelemente[n]", „Simulationstechnik" und „Anzeige" für die Bearbeitung der Probleme
ausschlaggebend war. Alle vier Bereiche bedingten sich
gegenseitig und mussten für eine optimale Gestaltung der
Mensch-Maschine-Interaktion mit Blick auf den User abge-
stimmt werden.

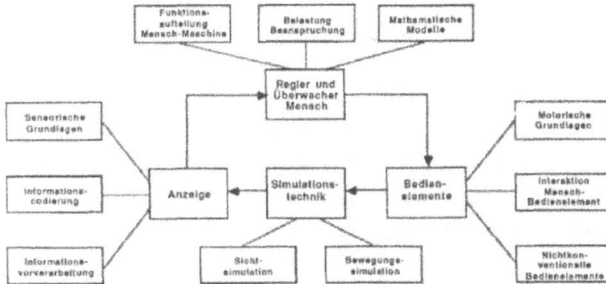

[Abb. 2] Forschungsansätze im FAT (Bernotat 2008 [1987], 4).

Im ersten Jahrzehnt des FAT stellten sich die Abteilungen
samt Forschungsansätzen folgendermaßen dar:

In der Abteilung „Anzeige" wurde hierfür die visuelle Wahrnehmung mit dem Ziel untersucht, Erkenntnisse für die
Gestaltung optischer Anzeigen zu gewinnen, so dass der
Informationsfluss Maschine-Mensch mit den Kriterien
Menge, Geschwindigkeit und Fehlerfreiheit bei gleichzeitiger Vermeidung von Überbeanspruchung des Menschen
optimiert werden konnte. Aufgabe der Abteilung „Bedienelemente" war die Untersuchung der Informationsüber-
tragung vom Menschen zur Maschine. Neben Messung
und Beschreibung menschlicher Sensomotorik wurden
dafür empirische Vergleiche von Bedienelementen vor-
genommen, sowie Messtechniken für Bedienbewegungen
entwickelt. Die Abteilung „Simulationstechnik" untersuchte
die menschliche Wahrnehmung von optischer und mechanischer Bewegung (Bernotat 2008 [1987], 9). Die vierte
Abteilung „Regler Mensch" befasste sich mit der Messung

und Beschreibung des menschlichen Regelverhaltens bei Lenk- und Zielaufgaben.

Schaut man schematisch auf die Forschungsansätze des FAT in der ersten Phase der 1970er Jahre nach seiner Gründung, so bildeten sich verschiedene Schwerpunkte aus:

1. Konzentration auf 1-Mann-Maschine-Systeme,
2. Ausdehnung von Problemen der Luftfahrt (Diringshofen) auf See- und Landfahrtprobleme sowie auf Leitwarten und Konsolen für komplexe technische Prozesse,
3. Konstanthalten der Umwelt bei allen Versuchen, d. h. die Umwelteinflüsse auf den arbeitenden Menschen wurden nicht untersucht (wie schon in der Kybernetik auch hier Problemvermeidung des nicht-linearen, stochastischen Faktors Mensch (vgl. dazu Johannsen u. a. 1976)), sowie
4. der Einsatz von Simulatoren in Laborforschungen.[6]

In den Simulatoren wurden Arbeitsmittel, Arbeitsplatz sowie der Arbeitsverlauf nachgestellt, wobei der Ablauf in Echtzeit geschehen sollte, um die Leistungsgrenzen des Menschen bei der Aufgabendurchführung genau messen zu können. Die angestrebten Darstellungen in Modellversuchen sollten dem Ingenieur bestenfalls schnell verständlich sein, damit die Ergebnisse nicht nur im Militär, sondern auch in der industriellen Praxis zeitnah umgesetzt werden konnten (Bernotat 2008 [1987], 8ff.). Wichtig war deswegen, dass die „Versuchspersonen typisch sind für die späteren Benutzer oder Bediener"[7] (Bernotat 2008 [1987], 7). Die unterschiedlichen User-Subjekte (Arbeiter, Soldat, etc.) mussten passend in die Versuchspraxis eingebunden werden, damit sich die technische Konstruktion nach ihren individuellen Leistungsgrenzen richten konnte. Der jeweilige User wurde daher in Form eines frühen Rapid Prototyping („konstruktive Ergonomie" (Bernotat 1979b,

---

6 Die Punkte 1 bis 3 waren dabei, nach Bernotat, auch an der „Personalkapazität" des FAT angelehnt (Bernotat 2008 [1987], 5). Der Einsatz von Simulatoren für Laborforschung hatte dagegen wissenschaftliche Gründe.

7 Diese Benutzer mussten dabei auf eine bestimmte Gruppe zugeschnitten werden.

28)) soweit möglich mit in die Versuche einbezogen. Nur so war das Design einer „natürlichen" (intuitiven) Schnittstelle möglich. Bernotat vermerkte in diesem Sinne kritisch, dass in „vielen Handbüchern der Ergonomie [...] Angaben über die Versuchspersonen und die Versuchsbedingungen [fehlten], unter denen die Daten gewonnen wurden" (Bernotat 1979, 4). Im Gegensatz dazu sollte in seinem FAT „besonders darauf geachtet [werden], repräsentative Versuchspersonen einzusetzen und die Versuchsbedingungen realitätsnah zu gestalten" (ebd.). Die *Natürlichkeit* des Interface hing immer auch von der realen Natur des Bedieners ab. Das ist eben das, was Bernotats Modell des *man-machine relationship* in seiner beidseitigen Anpassung darzustellen versuchte (vgl. Abb. 1).

3. „Menschenfreundliche" Anthropotechnik

Mit Blick auf die Anthropotechnik stellen sich unterschied-liche philosophische wie historische Fragen nach der Form der Interaktion sowie Konstruktion „menschenfreundlicher" Interfaces: Welche verschiedenen Zuschreibungen erfährt der Mensch im Wandel von der Objektpsychotechnik zur postkybernetischen Anthropotechnik? Wie wird diese Änderung im Mensch-Maschine-System dargestellt und wie ändert sich damit das Konzept von Interaktion?

Schaut man auf die Aufnahme der Kybernetik, die häufig mit Mensch-Maschine-Analogien arbeitete (Rieger 2003, 509; Liggieri 2017b) in der Anthropotechnik, so ist sie bilateral. Auf der einen Seite war die Kybernetik (u. a. vom Psychologen Friedhart Klix, dazu Krause 2013) in ihren Termini und modellhaften Problematisierungsweisen für die Anthropotechnik rund um Bernotat fruchtbar, weil hiermit Regelungsprozesse im Menschen sowie in der Mensch-Maschine-Interaktion („Regler Mensch") gedacht und beschrieben werden konnten. Auf der anderen Seite lag diese kybernetische Denkart dem Institutsleiter Bernotat

92 fern, da für ihn (und hier ist Bernotat exemplarisch für viele Ingenieurwissenschaftler und Psychologen der 1960er Jahre) der Mensch ein komplexeres Problem darstellte, das nicht durch reine Maschinen-Analogie beschrieben werden konnte. In der Rhetorik wie in den Konzepten der Anthropotechniker war der Mensch mehr als nur eine „Denkmaschine", die man einfach ohne anthropophile Schnittstelle mit einer anderen technischen Maschine koppeln konnte. In diesem Sinne war der von der Anthropometrie gern verwendete „Durchschnittsmensch" für Bernotat auf der einen Seite zwar als eine statische Modellierung wichtig, auf der anderen Seite erkannte er aber auch, dass dieser *homme moyen* eine „reine Rechengröße" war und dem individuellen Menschen nicht gerecht wurde (Bernotat 1979a, 6; Bernotat 1970, 357). So blieben bei jeder mathematischen Berechnung des Menschen immer Restgrößen, welche als Problem der Modellierung angesehen wurden.[8] Dieser psychophysische unerklärbare Rest benötigte neben dem Mathematiker und Ingenieur ebenso den Psychologen – das galt erst recht für die sich interdisziplinär aufstellende Anthropotechnik (Bernotat 1969, 204; Bernotat 1970, 353; Seifert 1965, 322). Dementsprechend arbeitete der Psychologe Rüdiger Seifert mit Bernotat Anfang 1964 eine Vorlage für den Fachausschuss „Anthropotechnik" der Wissenschaftlichen Gesellschaft für Luft-und Raumfahrt aus (Bernotat 2008 [1987], 2; Beyer 1969, 208) und übernahm sogar 1967 die Forschungs- und Entwicklungsabteilung „Anthropotechnik" in der damaligen Firma Bölkow Entwicklungen K.G. (später Messerschmitt-Bölkow-Blohm GmbH; heute DASA), die Diringshofen 1961 mitaufbaute.[9] Seifert fasste den „anthropotechnischen Aspekt"

8 Obwohl Bernotat gerne die regelungstechnischen Modelle verwendete, um Ergebnisse „nicht nur in Form von Diagrammen darzustellen, sondern soweit möglich in Form von Modellen, die auch Zusammenhänge zwischen mehreren Elementen und Einflussgrößen integriert beschreiben" konnten (Bernotat 2008 [1987], 8).
9 Vgl. Diringshofen, Lebenlauf, S. 3; Diringshofen, Zusätliche Personalangaben, 2 (Diringshofen Nachlass, unverzeichnet). Zur Gruppe „Anthropotechnik" bei der Firma Messerschmitt-Bölkow-Blohm

als Kooperation zwischen Technik, Medizin und Psychologie **93**
folgendermaßen zusammen: Der Techniker, so Seifert, „fragt
den Mediziner und den Psychologen nach den Faktoren der
menschlichen Morphologie und Leistungsfähigkeit, die er
bei der Konstruktion einer Maschine berücksichtigen muß,
welche von Menschenhand bedient und kontrolliert werden
soll" (Seifert 1961, 156). Der Mensch wurde folglich trotz oder
gerade wegen seiner problematischen, wenig feststellbaren
Komplexität ein wichtiges „Element des Regelkreises", den
es zwar wie andere Faktoren zu analysieren und in Kooperation mit der Maschine zu optimieren galt, der aber eine
besondere Aufmerksamkeit und Forschung benötigte
(Bernotat 2008 [1987], 9; Bernotat 1969, 204; Seifert 1965,
320). Er war gleichzeitig Problem und Chance, da er weniger
determiniert bzw. linear sowie gleichzeitig anpassungs-
fähiger und flexibler war als die Maschine (Bernotat 1979b,
31; Bernotat 1970, 353; Bernotat, 1978, 73; vgl. dazu die
MABA-Konzeption Paul Fitts 1951). Unverkennbar ging die
humanistische Rhetorik hierbei über eine rein diskursive
Ebene hinaus, da sie auch in der praktischen Forschung
des Institutes wirksam wurde. Der Mensch als Forschungs-
objekt sollte in den Untersuchungen mit all seiner psychophysischen Komplexität und Unbestimmtheit den Ausgangspunkt technischer Konstruktionen bilden. Der Übergang
von einer eher medizinisch, psycho-physiologischen
Blickweise im historischen Diskurs der Raumfahrt (bei
Diringshofen) hin zur ergonomischen Betrachtung unter
dem Fokus einer Technikwissenschaft (Bernotat und Seifert)
hing ebenfalls mit einem Übergang zur experimentellen
Praxis sowie mit der Institutionalisierung zusammen. Die
vormalige anthropophile Rheotorik wurde in den For-
schungspraktiken umgesetzt, was bedeutete, dass die
Maschinenkonstruktionen durch verschiedene User-
konzepte evaluiert werden mussten. Das humanistische
Menschenmodell Diringshofens und Bernotats musste

GmbH siehe Ausschuss für Funktortung, Geschäftsbericht 1961 (FA
003/0149), 15 im Firmenarchiv Messerschmitt-Werke im Archiv des
Deutschen Museums München.

sich durch die Institutionalisierung zwangsläufig einer ingenieurwissenschaftlichen Praxis stellen, der es mit Blick auf die militärpolitischen und ökonomischen Forderungen vorwiegend um Effizienz ging.

4. Anthropotechnische Konzepte von Mensch-Maschine-Relationen

Schon zu Beginn der Konzeption *Anthropotechnik*, welche Bernotat vielleicht ein wenig zu emphatisch mit „Neuland" betitelte, rückte das Problemfeld Mensch-Technik in den Vordergrund. Obwohl Bernotat erkennt, dass der Mensch „von jeher bestrebt [war], sich die Technik zum eigenen Nutzen aufzubauen" (Bernotat 1969, 30), so veränderten sich doch mit dem Übergang von mechanischen zu informationsverarbeitenden Maschinen nicht nur das technologisierte, regelungstechnische Umfeld (bspw. eines Cockpits, vgl. Bernotat und Gärtner 1980, 844), sondern auch die Systematik und die Modelle, mit denen Mensch und Maschine interagierten.

Diesem Aspekt des zunehmenden Einsatzes von Computern und der hiermit zusammenhängenden Automatisierung von komplexen technischen Prozessen Rechnung tragend wurden im zweiten Jahrzehnt des Institutes Untersuchungen zum „Regler Mensch" abgeschlossen (1977 von Johannsen, Boller, Donges und Stein) und zunehmend die menschliche Leistung bei Überwachung, Entscheidung, Fehlerdiagnose sowie Planung gemessen und beschrieben. Zur selben Zeit wurden am Institut unter dem Label „Systemergonomie" Untersuchungen angefangen. Diese hatten das Ziel, die Methoden der Systemtechnik mit den Verfahren der Anthropotechnik zu kombinieren, um zusätzliche und komplexere Mensch-Maschine-Systeme sowie Analyse- und Gestaltungsverfahren entwerfen zu können. Systemergonomie wurde als methodische Gestaltung von Mensch-Maschine-Systemen verstanden, welche auf der Denkweise der Systemtechnik basierte (vgl.

Döring 1982). Die Fortschritte der Arbeiten führten bald zur
Einstellung der Thematik „Simulationstechnik" und 1984
zur Umstellung der Abteilung auf „Systemergonomie" als
neues Problemfeld. In der Abteilung „Anzeige" vollzog sich
ebenfalls ein Wandel von der reinen Anzeigenoptimierung
zur Interaktion Mensch-Rechner, d. h. zu Themenbereichen,
die oft mit dem Begriff „Softwareergonomie" bezeichnet
wurden. Dieser Übergang vom menschlichen „Bediener"
zum „Systemmanager", „Überwacher" und „Dialogpartner"
forderte dementsprechend die Anpassung der Maschine
vor allem an die, so Bernotat, „kognitiven" Fähigkeiten des
Menschen (Bernotat 2008 [1987], 11). Das wesentliche Ziel in
dieser „Kooperation Mensch-Rechner" nach dem Master-
Slave-Prinzip („Slave" von Bernotat euphemistisch übersetzt mit maschineller „Geselle" (Bernotat 1979a, 9)) war
somit die Anpassung von User-Interfaces an die „mental[e]
Informationsverarbeitung" zur Sicherstellung und
Optimierung der „Erlernbarkeit und Benutzerfreundlich-
keit" (Bernotat 2008 [1987], 13).[10] Der Motor „Mensch",
den der Historiker Anson Rabinbach für die historische
Phase vor 1950 beschrieb (Rabinach 1990), war vermittelt
duch informationstechnische Paradigmen gänzlich zum
Monitor und zur dialogischen Schnittstelle geworden.[11]
Nach Bernotat befand sich die Anthropotechnik demzufolge
Ende der 1980er Jahre in ihrer (wissenschaftstheoretisch
gesprochen) synthetischen Phase und stellte konstruktive
Arbeitsansätze und Methoden vor, die bereits quantitative
Problemlösungsansätze erlaubten.

In dieser Zeit wurden durch den technischen Fortschritt
– u. a. von Mikroprozessoren, durch die eine Vielzahl von
Einzelinformationen verarbeitet wurden, die dann der

10   Damit rückte neben der reinen Bedienung und der Informationspro-
      zessierung der Dialog als zentraler Moment in den Mittelpunkt der
      Interaktion.
11   Rabinbach übersieht allerdings die Entwicklungen der Objektpsy-
      chotechnik, die den thermodynamischen Motor „Mensch" schon in
      den 1920er Jahren durch ein sinnliches und signalaufnehmendes
      Menschenmodell abzulösen beginnen (vgl. Liggieri 2017).

Mensch „leichter, schneller und fehlerfreier" aufnehmen
konnte (Bernotat 1979a, 7) – auch die Anthropotechnik
sowie die Berücksichtigung der menschlichen Leistungsgrenzen immer wichtiger. Durch diesen „Siegeszug der
Digitaltechnik", so Bernotat, rückten die Fragen der „Automation", der „Softwareergonomie" und im Besonderen
die Frage nach der „Zuverlässigkeit des Menschen bei der
Durchführung seiner Aufgabe" zunehmend in den Fokus
(Bernotat/Seifert 1998, 4). Nach Günter Rau, Arbeits-
gruppenleiter am FAT von 1971 bis 1976, stellten zu dieser
Zeit die Ingenieurwissenschaften zur Bearbeitung der
technischen Aspekte „geeignete Vorgehensweisen zur
Gestaltung und Realisierung bereit" (Rau 2008, 35). Für die
Lösung der Probleme bei der angesprochenen „Wechsel-
wirkung" zwischen dem Maschinensystem und dem
Menschen als „Benutzer" nahm die „Mensch-Maschine-
Kommunikation eine zentrale Stellung" ein, da der Mensch
nun vermehrt eine „übergeordnete Überwachungsfunktion"
ausübte (ebd.). Diese Entwicklungen wurden, wie erwähnt,
von Bernotat und seinem Forschungsinstitut wesentlich
mitgeprägt.

1996 – drei Jahre nach Bernotats Beendigung seiner Tätigkeit
als Direktor des Forschungsinstituts – wurde das Institut
für Anthropotechnik aufgelöst und zusammen mit dem Forschungsinstitut für Funk und Mathematik sowie dem Institut
für Fernmeldetechnik und Elektronik in das Forschungsinstitut für Kommunikation, Informationsverarbeitung und
Ergonomie eingegliedert, der Begriff jedoch existiert in der
ingenieurwissenschaftlichen Prägung bis heute.

5. Philosophische Reflexionen

Die Problemkomplexe des Instituts für Anthropotechnik
waren die Stellung des Menschen und seine Interaktion mit
der Maschine. Schon Bernotat und Diringshofen machten
in ihrem bilateralen Modell der Anthropotechnik deutlich,
dass der Mensch nicht schlicht rational integrierbar war, da
er Option und Problem gleichzeitig darstellte. So versuchte

man lange, so Bernotat, von der zwischenmenschlichen Kommunikation auf die Optimierung von Mensch-Maschine-Systemen zu schließen. Das allerdings funktionierte ihm zufolge nicht, da menschliche Kommunikation oft gerade „unregelmäßig" vor sich ging (Redundanz, unvollständige Sätze, Verstöße gegen die Grammatik etc.). Wollte man demzufolge die Mensch-Maschine-Kommunikation „menschlich" machen, dann musste man die „scheinbaren Unregelmäßigkeiten" nicht nur einfach zulassen, sondern in den Prozess miteinbauen. Die Lösung einer gelingenden Dialogizität war nicht Toleranz, sondern Integration (Bernotat 1979a, 7). Auf diese Weise war der Mensch zwar in einem Mensch-Maschine-System „bisweilen das schwächste aber immer das wichtigste Glied" (Diringshofen 1967, 122).

Bernotats Anthropotechnik versucht mit diesen „komplexe[n] und zeitveränderliche[n] Wesen wie den Menschen", die man seiner Ansicht nach nicht „total in Form von mathematischen Modellen beschreiben" konnte (Bernotat 2008 [1987], 9), umzugehen. Hierbei wurde ersichtlich, dass man den Menschen nicht gänzlich mathematisch beschreiben und in den Regelkreis integrieren konnte. Das Problem der totalen Mathematisierung bildete allerdings nicht nur eine rein technische Aufgabe, sondern, wie Bernotat es in seinen Texten immer wieder andeutet, eine Form, wie Helmuth Plessner sagen würde, von *Anthropina*, also Grundeigenschaften des Menschlichen (Plessner 1980: 208). Der *subjektive* Leib entzog sich mit seinen inter- und intraindividuellen (Leistungs-)Schwankungen dem Konzept des *objektivierbaren* Körpers (Bernotat 1970, 359; Heßler 2016).

In der vorliegenden Untersuchung wurde versucht, eine historische Einordnung des FATs sowie seiner Akteure mit den zugehörigen systematischen Problemstellungen anzuführen. Dabei wurden zwei zentrale Aspekte mit Blick auf eine Mensch-Maschine-Interaktion herausgearbeitet: Zum einen stellte die *Anthropotechnik* als Idee und Forschungsprogramm ein Menschenmodell bereit, welches sich als psychophysische Ganzheit und dynamisch-komplexer Faktor einer reinen Mathematisierung und Technisierung entzog. Zum anderen evozierte dieses humanistisch-auf- geladene User-Konzept einen anderen Umgang mit Technik. Maschinelle Schnittstellen mussten auf den Menschen und seine Leistungsgrenzen ausgelegt und konzipiert werden. Die, wenn man so will, *Natürlichkeit* eines Interfaces musste sich an die kognitiv-körperliche *Natur* des Menschen anpassen. So erst konnte man den Anthropotechnikern zufolge effiziente Mensch-Maschine-Systeme hervorbringen. Auf diese Weise wurden ergonomische Problembereiche der Funktionsaufteilung Mensch/Maschine freigelegt, sowie die „daraus resultierenden Aufbau- und Ablauforganisation des Systems" gemäß den „Anforderungen für die Arbeits- bereichs- und Arbeitsplatzgestaltung" (Bernotat 2008 [1987], 12) in den Blick genommen. Die anthropologische Frage nach dem „Menschen" und seiner Interaktion mit der Maschine standen hierbei im Vordergrund. Die Schnitt- stelle kann dabei als Medium, Mitte und Vermittler in einem Zwischenraum verstanden werden, die nicht nur Informationen störungsfrei durchlässt (denn darum ging es den Forschungen), sondern auch hermeneutisch-lesbar (durch Anpassung des Interfaces an den Menschen) bzw. „benutzerfreundlich" über-bringt. Die Schnittstelle selbst wäre dann nach dem Schüler Georges Canguilhems, François Dagonet, kein passiver Durchgang, keine reine Oberfläche, sondern als Konstrukt produktiv: Sie wäre ein „fruchtbare[r] Nexus" (Dagonet 1982, 49). Wenn die angepasste Maschine durch ein benutzerfreundliches Design eine „vertraute" – nicht mehr un-heimliche – Ober- fläche bildet, generiert sie gleichzeitig auch Akzeptanz im Zuge einer, wie Schelsky es nennt, „Vertrautheitsselbst- täuschung" (Schelksy 1965, 400). Die funktionale Ein- fachheit bleibt bei struktureller Komplexität erhalten: die Maschine sollte leicht zu bedienen sein, war aber schwer zu verstehen bzw. man benötigte viel Forschungsaufwand (Datenakkumulation, Modellbildung, Simulation), um diese reibungslose Übertragung und Interaktion zu ermöglichen.

Fragen, wie sich die anthropophile Schnittstelle als For-
schungsnetzwerk etablierte, konnten am Beispiel des
FAT, in dem sich diese Diskurse institutionalisierten, nur
angedeutet werden, sie verweisen allerdings auf ihre Wirk-
mächtigkeit im deutschen Kontext.

In diesem Sinne versuchte der vorliegende wissenschaftshistorische Ansatz zu zeigen, wie sich zum einen in der
diskursiven unterschiedlichen Zuschreibung von Mensch-
Maschine-Entitäten eine Möglichkeit der praktischen
Konstitution von Systemen als menschlich-maschinelle
Konstrukte zeigte und zum anderen, wie man sich dem
essentiellen Problem der Positionierung des Menschen in
diesem technischen System in einer (nach-)kybernetischen
Epoche anzunähern suchte. Der Terminus und die
Forschung einer *Anthropotechnik* schien hierbei – zumindest
für Bernotats Umkreis – produktiv, weil sie angelsächsische
Pragmatik (Human Factors Engineering) mit deutscher
Anthropologie (hier verstanden als Fokussierung auf schwer
bis gar nicht zu mathematisierende Anthropina) verband.
Aus einer geisteswissenschaftlich-humanistischen Tradition
gesehen, verweigerten sich folglich die menschlichen
Eigenarten dem rein rational-technischen Zugriff (Heßler
2015). Obwohl für Bernotat die statische Normung, die den
Menschen und seine Eigenarten wenig beachtete, allgemein
funktional war, war sie dennoch „im ergonomischen Feld
nicht überall sinnvoll" (Bernotat 1978, 76). Sie war für ihn
immer auch Kompromiss, der Spezialfälle abschnitt und
damit notwendigerweise nur suboptimale Ergebnisse
hervorbrachte, da er am genuin individuell Menschlichen
vorbeiging. Die Abweichung von der Norm dagegen brachte
für Spezialfälle manchmal bessere Ergebnisse. Bernotat
erkannte in seiner Programmatik einer Anthropotechnik,
dass der Mensch selbst variabel war und keiner allgemeinen
Norm (und Normierung) standhielt: „Wenn man das Letzte
aus einer Konstruktion herausholen will, muß man im

Allgemeinen von der Norm abweichen" (Bernotat 1978, 76).[12]
Für die anthropotechnischen Akteure war unverkennbar,
dass erst, wenn man die komplexe und oft ungenaue
Stellung des Menschen (er)kannte, man auch Schnittstellen
effizient gestalten konnte (Bernotat/Gärtner 1980, 843).

Literatur

Bernotat, Rainer (1963): Zur Kompensation magnetischer Störfelder und
ihrer Auswirkung in kompaß-gestützten Kurskreisel-Anlagen von Großflugzeugen. Berlin: Dissertation.

Bernotat, Rainer (1965): Informationsdarstellung als anthropotechnisches
Problem der Flugführung. Berlin: Institut für Flugführung und Luftverkehr
der Technischen Universität Berlin, Bericht 37.

Bernotat, Rainer 1969. „Technik und anthropotechnische Auslegung visueller
Fluganzeigen. Teil 1: Einführung in die technische und anthropotechische
Entwicklung der Fluganzeigen." In: *Luftfahrttechnik-Raumfahrttechnik* 15,
204–206.

Bernotat, Rainer 1970. „Plenary Session: Operation Functions in Vehicle
Control. Anthropotechnik in der Fahrzeugführung". In: *Ergonomics* 13,
353–377.

Bernotat, Rainer 1978. „Ergonomische Gestaltung von Mensch-Maschine-
Systemen." In: *Natur-, Ingenieur- und Wirtschaftswissenschaften Vorträge
N 275*, herausgegeben von der Rheinisch-Westfälischen Akademie der
Wissenschaften. Opladen: Westdeutscher Verlag, 51–77.

Bernotat, Rainer 1979a. „Die ergonomische Gestaltung der Kommunikation
Mensch-Maschine." In: *NTG-Fachberichte* Bd. 67, 4–14.

12 Das Problem bei diesem „ausreichende[n] Wissen" über die menschlichen Eigenschaften und Fähigkeiten (Bernotat 1978, 55) war
allerdings, wie Bernotat sah, dass der Mensch in seinem Verhalten
und Fähigkeiten „vielseitig" ist und damit Datenakkumulation nur
schrittweise möglich zu sein schien. Das, wenn auch problematische,
„Fernziel" der Anthropotechnik war somit, so viel Wissen zu sammeln,
dass eine geplante Maschine schon zu Beginn eine Prognose über die
Systemleistung des menschlichen Systempartners stellen konnte, so
dass es eben nicht zu bösen Überraschungen kam: „Tatsache ist, daß
wir uns wegen der Komplexität des Menschen vielfach noch auf der
Ebene der Datensammlung befinden, erst in einigen Teilbereichen
brauchbare Analysen erreicht haben und von einer auch nur
einigermaßen vollständigen Synthese so weit entfernt sind, daß diese
wohl auch nach einigen Forschergenerationen noch nicht erarbeitet
sein wird. Um ein besonders schwieriges Problem zu nennen: Diese
Synthese muß, um brauchbar zu sein, auch die menschlichen Wahr-
nehmungs- und Denkvorgänge und ihre wahrscheinlichen Ergebnisse
mit enthalten." (ebd.)

Bernotat, Rudolf (sic!) 1979b. „Ein Mittel zur Leistungssteigerung von Mensch-Maschine-Systemen." In: *Zeitschrift für Wehrtechnik* (10/1979), 26–31.

Bernotat, Rainer 1987. „Das Forschungsinstitut für Anthropotechnik – Aufgaben, Methoden und Entwicklung." In: ders./Gärtner, Klaus-Peter/ Widdel, Heino (Hg.): *Spektrum der Anthropotechnik. Beiträge zur Anpassung technischer Systeme an menschliche Leistungsbereiche.* Meckenheim: Warlich Verlag, 7–21.

Bernotat, Rainer 2008 [1987]. „Das Forschungsinstitut für Anthropotechnik – Aufgaben, Methoden und Entwicklung." In: Schmidt, Ludger/Schlick, Christopher M./Grosche, Jürgen (Hg.): *Ergonomie und Mensch-Maschine-Systeme.* Berlin u. a.: Springer, 1–16.

Bernotat, Rainer/Gärtner, Klaus-Peter 1980. „Anthropotechnische Gesichtspunkte bei der Gestaltung der Kommunikation zwischen Mensch und hochautomatisierten Systemen." In: *Meß- und Automatisierungstechnik: Technologien, Verfahren, Ziele INTERKAMA-Kongreß.* Berlin u. a.: Springer, 843–864.

Bernotat, Rainer/Seifert, Rüdiger 1998. „Wurzeln und Anfänge der Anthropotechnik in Deutschland." In: *Anthropotechnik: Gestern – heute – morgen (= DGLR-Bericht 1998-01).* Bonn: Deutsche Gesellschaft für Luft- und Raumfahrt e.V.

Beyer, Ralf 1969. „Technik und anthropotechnische Auslegung visueller Fluganzeigen. Teil 2: Verbesserung des Zusammenwirkens von Flugzeugführer und Flugzeug." In: *Luftfahrttechnik – Raumfahrttechnik* 15, 206–208.

BMBF 2015. *Technik zum Menschen bringen: Forschungsprogramm zur Mensch-Technik-Interaktion.* Bonn: Thiel.

Bundesregierung 1965. *Bundesbericht Forschung III* (Beschluß des Deutschen Bundestages vom 30. Juni 1965 (Drucksache IV/3644). Bonn.

Bundesregierung 1972. *Bundesbericht Forschung IV.* Band 2: Bericht der Länder. Bonn.

Bundesregierung1970. *Weißbuch 1970. Zur Sicherheit der Bundesrepublik Deutschland und zur Lage der Bundeswehr* (Drucksache VI/765). Bonn.

Dagonet, François 1982. *Faces, Surfaces, Interfaces.* Paris: Vrin.

Der Bundesbeauftragte für die Unterlagen des Staatssicherheitsdienstes der ehemaligen DDR (Hg.) 2013. *Hauptverwaltung A (HV A): Aufgaben – Strukturen – Quellen (MfS-Handbuch).* Berlin. Online: http://www.nbn-resolving.org/urn:nbn:de:0292-97839421303496 (gesehen am 07.07.2017).

Diringshofen, Heinz von 1963. „Anthropotechnische Probleme bei Vtol-und Raumfahrzeugen." In: Blenk, Hermann/Schulz, Walter (Hg.): *Jahrbuch der wissenschaftlichen Gesellschaft für Luft-und Raumfahrt.* Braunschweig: Vieweg und Sohn, 500–509.

Diringshofen, Heinz von 1967. „Anthropotechnische Rationalisierung von Waffensystemen." In: *Wehrtechnische Monatshefte* 64, 113–122.

Döring, Bernhard 1982. „System Ergonomics as a Basic Approach to Man-Machine-Systems Design." In: Schmidtke, Heinz (Hg.): *Ergonomics Data for Equipment Design.* London/New York: Plenum, 15–30.

102   Fitts, Paul 1951. „Engineering Psychology and Equipment Design." In: Stevens, Stanley S. (Hg.): *Handbook of Experimental Psychology*. New York: Oxford University Press, 1287–1340.

Foucault, Michel 1987. „Das Subjekt und die Macht." In: Dreyfus, Hubert L./Rabinow, Paul (Hg.): *Michel Foucault: Jenseits von Strukturalismus und Hermeneutik*. Frankfurt/Main: Athenäum.

Foucault, Michel 1994. Überwachen und Strafen: *Die Geburt des Gefängnisses*. Frankfurt/Main: Suhrkamp.

Giese, Fritz 1928. *Psychotechnik*. Breslau: Hirt.

Grandjean, Etienne 1979. *Physiologische Arbeitsgestaltung: Leitfaden der Ergonomie*. Thun: Ott Verlag.

Graul, Emil Heinz 1961. „Raumfahrtmedizin als biophysikalisches und anthropotechnisches Forschungsproblem." In: *Jahrbuch der Wissenschaftlichen Gesellschaft für Luft- und Raumfahrt e. V.* Braunschweig: Vieweg und Sohn, 145–154.

Heßler, Martina 2015. „Die Ersetzung des Menschen? Die Debatte um das Mensch-Maschinen-Verhältnis im Automatisierungsdiskurs." In: *Technikgeschichte* 82, 109–136.

Heßler, Martina 2016. „Der Mensch als Leib: Menschenbilder in einer technischen Kultur". In: Sternagel, Jörg/Goppelsröder, Fabian (Hg.): *Techniken des Leibes*. Weilerswist: Velbrück, 217–236.

Johannsen, Gunnar u. a. 1976. *Lineare Modelle für den Menschen als Regler*. Meckenheim: Forschungsinstitut für Anthropotechnik. (= FAT Bericht Nr. 24).

Klee, Ernst 1997. *Auschwitz, die NS-Medizin und ihre Opfer*. Frankfurt/Main: Fischer.

Klix, Friedhart 1968. *Kybernetische Analysen Geistiger Prozesse: Neue Ergebnisse Kybernetisch-Psychologischer Forschungen*. Berlin: De Gruyter.

Krajewski, Markus 2010. *Der Diener: Mediengeschichte einer Figur zwischen König und Klient*. Frankfurt/Main: Fischer.

Krause, Bodo 2013. „Der Einfluss der Kybernetik auf die psychologische Forschungsmethodik." In: *Zeitschrift der Leibniz-Sozietät e. V.* (Leibniz Online, Jahrgang 2013). Online: http://leibnizsozietaet.de/wp-content/uploads/2013/05/bkrause-2.pdf (gesehen am 07.07.2017).

Liggieri, Kevin 2016. „Von der ,Menschen-zucht' zur ,Menschen-behandlung': Zur Begriffsgeschichte der ,Anthropotechnik'". In: *Archiv für Begriffsgeschichte* 57, 235–258.

Liggieri, Kevin 2017a. „,Sinnfälligkeit der Bewegung': Zur objektpsychotechnischen Anpassung der Arbeitsgeräte an den Menschen". In: *Zeitschrift für Technikgeschichte* 84, 29–61.

Liggieri, Kevin 2017b. „,Alles regeln, was regelbar ist': Die Geburt der Kybernetik aus dem Geiste der Ordnung. Zur Problematisierung einer totalen Berechenbarkeit." In: Wierschern, Markus u.a. (Hg.): *Patterns of (Dis-)Order: Kadrierung eines unscharfen Konzepts*. Münster/Wien: Lit-Verlag (im Druck).

Morgan, Clifford T. et al. (Hg.) 1963. *Human engineering guide to equipment design*. New York: McGraw-Hill Book Company.

Neumann, Alexander 2007. „Die Lurftfahrtmedizin von der Weimarer Republik bis zur frühen Bundesrepublik." In: Trischler, Helmuth/Schrogl,

Kai-Uwe (Hg.): *Ein Jahrhundert im Flug. Luft- und Raumfahrtforschung in Deutschland 1907–2007*. Frankfurt/Main: Campus, 138–155.

Rabinach, Anson 1990. *The Human Motor: Energy, Fatigue, and the Origins of Modernity*. Berkeley/Los Angeles: University of California Press.

Rau, Günter 2008. „Ergonomie in der Medizin und Berühreingabe über Farbgraphik-Displays." In: Schmidt, Ludger/Schlick, Christopher M./Grosche, Jürgen (Hg.): *Ergonomie und Mensch-Maschine-Systeme*. Berlin, Heidelberg: Springer, 33–50.

Rieger, Stefan 2003. *Kybernetische Anthropologie. Eine Geschichte der Virtualität*. Frankfurt/Main: Suhrkamp.

Roth, Karl Heinz 2000. „Strukturen, Paradigmen und Mentalitäten in der luftfahrmedizinischen Forschung des ‚Dritten Reiches' 1933 bis 1941: Der Weg ins Konzentrationslager Dachau." In: *1999: Zeitschrift für Sozialgeschichte des 20. und 21. Jahrhunderts* 15, 49–77.

Schelsky, Helmut 1965. *Auf der Suche nach Wirklichkeit*. Düsseldorf: Diederichs.

Scherffig, Lasse 2009. „The Human Being as a Servo: Von Feedback Control zur Kybernetik." In: Fischer, Stefan/Maehle, Erik/Reischuk, Rüdiger (Hg.): *Informatik 2009: Im Fokus das Leben, Lecture Notes in Informatics – Proceedings*. Bonn: Köllen Druck, 766–776.

Schmidgen, Henning 2008. „Dreifache Dezentrierung: Canguilhem und die Geschichte wissenschaftlicher Begriffe." In: Müller, Ernst/Schmieder, Falko (Hg.): *Begriffsgeschichte der Naturwissenschaften: Zur historischen und kulturellen Dimension naturwissenschaftlicher Konzepte*. Berlin/New York: De Gruyter, 149–163.

Seifert, Rüdiger 1965. „Die Berücksichtigung des Menschen bei der Entwicklung technischer Systeme (Vortrag gehalten am 30.04.1965 auf der Arbeitstagung der Arbeitsgemeinschaft für Wehrtechnik in Bad Godesberg)." In: *Wehrtechnische Monatshefte* 62, 320–329.

Strzelewicz, Willy 1958. *Industrialisierung und Demokratisierung der modernen Gesellschaft*. Hannover: Landeszentrale für Heimatdienst.

Weindling, Paul J. 2004. *Nazi Medicine and the Nuremberg Trials: From Medical Warcrimes to Informed*. New York: Palgrave Macmillan.

Archivquellen

von Diringshofen, Heinz. Nachlass (Signatur 4.889, unverzeichnet), im Institut für Stadtgeschichte Frankfurt/Main.

Ausschuss für Funktortung. Geschäftsbericht 1961 (FA 003/0149), im Firmenarchiv Messerschmitt-Werke (FA 003) im Archiv des Deutschen Museums München.

Abbildungen

Abb. 1 und 2: Bernotat, Rainer 2008 [1987]. „Das Forschungsinstitut für Anthropotechnik – Aufgaben, Methoden und Entwicklung." In: Schmidt, Ludger/Schlick, Christopher M./Grosche, Jürgen (Hg.): *Ergonomie und Mensch-Maschine-Systeme*. Berlin u. a.: Springer, 1–16.

LATOUR

HUBIG

AGENCY

AUTONOMIE

AUTONOMES FAHREN

[5]

Wer handelt mit unsichtbaren Schnittstellen? Hubig und Latour zu Autonomie und Agency

Suzana Alpsancar

Der Beitrag stellt Unterschiede und Gemeinsamkeiten der Technikphilosophie Christoph Hubigs und der Actor-Network-Theory (ANT) Bruno Latours heraus und plädiert dafür, beide Ansätze zur Untersuchung der Wirklichkeitsmacht von technischen, medialen und sozialen Operationen ergänzend zu nutzen.

Medientheorie, Technikphilosophie und ANT interessieren sich für „die Prägekraft des Medialen" (Krämer 2003, 79), die „Macht der Technik" (Hubig 2015) sowie die „Agency" von Operationsketten (Latour 2005). Um die Rolle technisch-medialer Sachverhalte besser zu verstehen, entwickeln sie elaborierte Beschreibungssprachen, die Naturalismen wie Soziologismen vermeiden. Folgt man Andrea Seier (2009, 132), ist es dieses Versprechen einer „Alternative[n] zur Gegenüberstellung von technischem oder menschlichem/ sozialem Apriori", welches die Medienwissenschaft an der ANT interessiert.

Auf den ersten Blick gehört eine Technikphilosophie, wie sie Christoph Hubig als bekennender Hegelianer vorlegt (2006, 2007, 2015) in das Gebiet der „modernen Verfassung" (Latour 2008), welches die ANTler wie die „schlechten Dichotomien" [1] *zu umfahren* und *zu ignorieren* empfehlen (Latour 2006, 562–563).

> Widersprüche sollten – meistens und besonders, wenn sie mit der modernistischen Zwangslage verbunden sind – nicht überwunden, sondern einfach ignoriert oder umgangen werden. (Latour 2006, 562)

Latour hat nicht viel für Dialektik übrig. Er folgt seinem eigenen Ratschlag und behandelt sie kaum. Hubig (2015) zeigt sich von dieser Zurückweisung reichlich unbeeindruckt, widmet Latour ein Unterkapitel in seinem dritten Band der *Kunst des Möglichen* und integriert dessen machttheoretische Anregungen in seine dialektische Reflexion auf unseren Umgang mit Technik. Ohne auf Latours Modernekritik zu reagieren, bemängelt Hubig einen inkonsistenten Begriffsgebrauch und fehlende Präzision der verwendeten Begriffe. Dies verspricht er nachzubessern und bietet der ANT eine begrifflich präzisierte, konsistente Fassung ihres Forschungsprogramms an, welches zugleich mit der dialektischen Reflexionsperspektive vereinbar sei. Wie passt dies zusammen?

Ich möchte hier Gemeinsames und Trennendes der beiden Autoren mit Blick auf die Konzepte von Autonomie und Agency herausarbeiten. Anders als Latour hält Hubig am kantischen Autonomiebegriff fest, obwohl auch er keinen reduktionistischen-essentialistischen Ansatz vertritt und nicht von einem internationalistischen Handlungs- oder Machtkonzept ausgeht. Für Hubig bleibt daher eine unhintergehbare Differenz zwischen menschlichen und nicht-menschlichen Akteuren bestehen, die sich aus dem Maßstab der Vernunft ergibt. Zunächst scheint es also so,

---

1 Dichotomie meint die Teilung einer Gesamtmenge in zwei einander ausschließende Teilmengen.

als müsse Latour Hubigs Position mit der „Verfassung der Moderne" hinter sich lassen.

1. Wie steht Latour zu Hubig?

Da Hubig bei Latour keine Erwähnung findet, stelle ich zunächst Latours Zurückweisung von Hegel und der Dialektik heraus, um dann zu fragen, inwiefern diese „Kritik" Hubigs dialektischen Ansatz trifft.

1.1 Latours Zurückweisungen der Dialektik

Es sind nur wenige Stellen, an denen Latour auf Hegel oder die Dialektik eingeht. In seiner *Inquiry into Modes of Existence* (Latour 2013, 319) kommt Hegel nur an einer Stelle vor, und dies bloß, um den eigenen Ansatz als Alternative zu Hegels Wirklichkeitsverständnis auszuweisen. In *Wir sind nie modern gewesen* wird das dialektische Denkprogramm im Unterabschnitt *Den Abgrund überwinden* neben anderen irreführenden Positionen angesprochen, in *Das Parlament der Dinge* wird es im *Anhang zu Kapitel 1: Die Instabilität des Naturbegriffs* ebenfalls neben einer Reihe anderer moderner Denkprogramme, zurückgewiesen. Weitere Bemerkungen zur Dialektik oder zu Hegel finden sich in Endnoten und sind entsprechend kurz gehalten. Inhaltlich gesehen sind diese Bezüge teils polemisch, teils stark vereinfachend, wie hier ersichtlich:

> Die härtere Variante [der Dialektik, S.A.], die von Hegel über Marx auf uns gekommen ist, beruht auf einem Widerspruch zwischen Objektivität und Subjektivität und fügt einen historischen Motor hinzu. (Latour 2015, 67)

Da Latour Hegel nicht liest, lassen sich die Gründe seiner Zurückweisung nur über den systematischen Ort rekonstruieren, an dem er dialektische Ansätze anführt. Dieser Ort ist eine bestimmte Stelle in dem, was Latour (2008) als *Verfassung der Moderne* rekonstruiert: In *Wir sind nie modern gewesen* kennzeichnet er mit Blick auf moderne Klassiker wie Hobbes, Boyle und Kant *das* moderne Denken als ein solches, welches immerzu die Dichotomien von Subjekt und Objekt beziehungsweise analog dazu von Gesellschaft und Natur investiere und diese so zu einer unhinterfragten Selbstverständlichkeit mache, aus der weder Hegel und Marx, noch die Phänomenologie, Habermas oder die Postmoderne herausgekommen seien. Es ist das *Selbstverständnis* dieser modernen Denker, das Latour die *moderne Verfassung* nennt: Sie legt Zeugnis darüber ab, wie sich die Modernen selbst verstehen und von welchen unhinterfragten Selbstverständlichkeiten sie ausgehen. Für Latour repräsentiert die moderne Verfassung die Welt, wie sie sich Moderne vorstellen und legitimiert hierdurch all die kategorialen Unterscheidungen, die uns so lieb geworden sind, wie die zwischen menschlichen und nicht-menschlichen Wesen, Wissenschaft und Ideologie, Fakten und Werten, Naturgesetzen und Konventionen.

Freilich sieht Latour in seiner schematischen Darstellung der Moderne von Unterschieden zwischen Denkern und Begriffen (z. B. zwischen Unterschied, Trennung, Dichotomie, Dualismus, Widerspruch) ebenso ab wie von strukturellen Entwicklungen (Stichwort: funktionale Differenzierungen), für die sich Philosophen beziehungsweise Soziologen und Historiker für gewöhnlich interessieren (Kneer 2016). Diese Kritik, so treffend sie sein mag, übergeht jedoch, dass Latour seine Rekonstruktion der Moderne gar nicht zu verteidigen bemüht ist, sie vielmehr als Gemeinplatz, als Common Sense einführt. Er stellt nicht seine Rekonstruktion zur Diskussion, sondern seine Thesen darüber, was dieses bekannte moderne Selbstverständnis *im Verborgenen hält*: die *Arbeit und Praxen des Vermehrens und Reinigens* sowie die *Existenzweisen von Hybriden*, die im Radar der modernen Verfassung nicht auftauchen und doch immer mehr würden. Diese Vermehrung und Ausbreitung der Hybride dränge uns dazu, praktisch mit ihnen umzugehen und konstituiert den historischen Standpunkt, von dem aus Latour die moderne Verfassung zu Fall bringen will: Da man die Hybride nicht länger ignorieren könne, müssen wir unser

Selbst- und Weltverständnis korrigieren. Latours Vorschlag
soll unsere Wirklichkeit angemessener repräsentieren,
um politisch handlungsfähig zu bleiben (Latour 2015).
Es ist wichtig zu sehen, dass Latour ein Motiv aus dem
repetiert, was Habermas (1988) das *Projekt der Moderne*
nannte, nämlich den aufklärerischen Anspruch, durch eine
kritische Reflexion auf unser Selbst- und Weltverständnis
unsere Wirklichkeit angemessen zu beschreiben, um unsere
Lebensverhältnisse politisch gestalten und verbessern zu
können:

> Wir können die Moderne zurückweisen, ohne die Auf-
> klärung aufzugeben, falls es uns gelingt, die Objekte
> der Wissenschaften und Techniken – Quasi-Objekte
> unter sehr vielen anderen – wieder in die Verfassung zu
> integrieren. (Latour 2008, 179–180)

Dieses aufklärerische, intellektuelle Selbstverständnis
teilt Latour mit Hubig (2015, 224). Wenn Latour die
Moderne kritisiert, meint er folglich nicht die Verpflichtung,
„kognitive[n] Potentiale [...] für die Praxis, d. h. für eine
vernünftige Gestaltung der Lebensverhältnisse zu nützen"
(Habermas 1988, 184), sondern er kritisiert die Moderne als
Repräsentationsmodell der Welt, welches zum einen ganze
Objektkulturen unterrepräsentiert lässt und zum anderen
eine nicht haltbare politisch-epistemologische Zweiteilung der Existenzweisen vornehme. Dies spricht dafür,
dass Latour Hegel ebenso aufgrund seines fehlleitenden
Repräsentationsmodells kritisiert, wie es diese Abbildung
Latours illustriert:

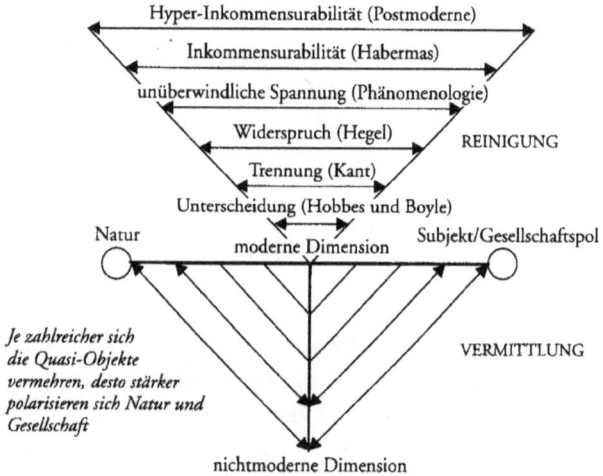

[Abb. 1] Latours Illustration des modernen, doppelten Paradoxes (Latour 2008, 79).

Den Kern der Abbildung bildet die horizontale Linie in der Mitte mit dem Objekt/Natur-Pol auf der einen und dem Subjekt/Gesellschaft-Pol auf der anderen Seite. Oberhalb dieser Linie hat Latour die verschiedenen Varianten der Verfassung der Moderne eingetragen, um zu verdeutlichen, dass sie alle von der Dichotomie ausgehen und nicht aus ihr herauskommen. Deren Definitionen, Zuschreibungen, Kategorisierungen oder Ontologien versteht er als Reinigungsarbeit. Unter der Linie liegt, was für die Modernen im Verborgenen bleibt und Latour als Vermittlungsarbeit kennzeichnet. Latour spricht das Denkprogramm der Hegelschen Dialektik als eine Lösungsstrategie an, die versucht, die von der modernen Fassung konstituierten Dichotomien „aufzuheben" und am eigenen Anspruch scheitert – ohne dies zu merken. Weil der Hegelianismus sich in der Gewissheit wiege, ein stimmiges Bild der Wirklichkeit zu bieten, hält Latour ihn für die gefährlichste Variante der Verfassung der Moderne:

> Nicht nur löst die Dialektik das Problem nicht, sie macht es sogar unlösbar, denn aus dem Widerspruch

zwischen Subjekt und Objekt wird der Motor der
Geschichte oder gar des Kosmos. Damit werden die
Artefakte modernistischen Denkens auf die Welt selbst
ausgeweitet. (Latour 2015, 326–327)

Zwei Gründe nennt Latour für den Misserfolg Hegels. Erstens habe sich die Dialektik „im Widerspruch geirrt – den
zwischen Subjekt- und Objektpol hat sie zwar bemerkt, nicht
jedoch jenen anderen zwischen der sich gerade durch-
setzenden modernen Verfassung und der Vermehrung
der Quasi-Objekte" (Latour 2008, 77), so wie es Latour
beobachtet. Den anderen Grund sieht Latour darin, dass
Hegel zwar auf die Rolle der Vermittlung und der Vermittler
abhebe, diese aber falsch konzeptualisiert und eingeschätzt
habe:

> Sie [die Dialektik, S.A.] spricht nur von Vermittlungen,
> und doch sind die unzähligen Vermittlungen, mit denen
> sie ihre grandiose Geschichte bevölkert, nur Zwischen-
> glieder, die die reinen ontologischen Qualitäten wei-
> terleiten, sei es den Geist in der rechten Variante, sei es
> die Materie in der linken. (Latour 2008, 78)

Aus den hier angeführten Stellen lässt sich Latours Kenn-
zeichnung der Hegelschen Dialektik auf folgende Punkte
bringen:

1. Die Dialektik gehe von dem Widerspruch zwischen
   Objekt/Natur und Subjekt/Gesellschaft aus.
2. Die Dialektik verstehe sich als Lösungsstrategie, diesen
   Widerspruch aufzuheben, habe aber den gegenteiligen
   Effekt und den Graben zwischen Subjekt/Gesellschaft
   und Objekt/Natur weiter vergrößert.
3. Die Dialektik verweltliche diesen Widerspruch des
   Denkens und behaupte, diese Widersprüche seien unsere
   Wirklichkeit.
4. Die Dialektik erhebe die Form des Widerspruchs
   und deren dialektische Überwindung zum Motor der
   Geschichte.

5. Die Dialektik bleibe blind gegenüber der zunehmenden Hybridisierung unserer Existenzweisen, insbesondere der Zunahme an Quasi-Objekten.

6. In dem dialektischen Vermittlungskonzept schreiben sich die Irrtümer der modernen Verfassung fort: Erstens wird die Vermittlungsarbeit einseitig den Subjekten zugeschrieben; anstatt jede Entität als einen potentiellen Vermittler zu betrachten, das heißt die Frage der Zuschreibung zu einer empirischen zu machen; zweitens betrachte die Dialektik alle Vermittler (Mittel) als bloße Zwischenglieder (Intermediäre), von denen keine eigenen Effekte ausgingen.

7. Die Dialektik bleibe in der Selbsttäuschung der modernen Verfassung gefangen; sie sehe nicht, dass der eigentlich historisch relevante Widerspruch der zwischen Vermittlungs- und Reinigungspraxis ist.

An dieser Stelle interessiert mich nicht, ob und in welchen Punkten Latour Hegel oder das dialektische Denkprogramm missversteht, sondern ob seine Zurückweisung dieses dialektischen Programms Hubigs dialektische Position trifft.

1.2 Trifft Latours Kritik der Dialektik Hubigs Ansatz?

Hubig versteht die Dialektik in seiner pragmatisch-logischen Auslegung von Hegel als „die Arbeit an unserer Begrifflichkeit, unter der wir unsere theoretischen und praktischen Weltbezüge gestalten" (2016, 133). Während Latour die Dialektik als ein Repräsentationsmodell der Wirklichkeit attackiert, ist die Dialektik für Hubig eine Methode der Begriffsreflexion, und zwar der Reflexion darüber, wie wir Begriffe begreifen. Hubig (2016, 133) zufolge vollzieht sich das dialektische Nachdenken in einem anderen Modus, als dem der gewöhnlichen Aussage über etwas, was in der Welt der Fall ist oder nicht. Dialektische Sätze repräsentieren nicht die Welt, sondern Repräsentationen von unseren Bezügen auf die Welt. Dialektik sei somit ein Mittel, sich unserer theoretischen wie praktischen Weltbezüge *zu vergewissern*. Insofern sich die Dialektik dazu äußert, wie wir uns unsere Weltbezüge vorstellen, bleibt sie höherstufig auf die Welt bezogen, ohne aber hierbei selbst darüber Auskunft geben zu können, ob diese Weltbezüge wahr/richtig/gut oder falsch/falsch/schlecht sind. Sie kann vielmehr auf Unstimmigkeiten hinweisen und alternative Bestimmungsaspekte von Begriffen aufzeigen. Da der Dialektiker für Hubig kein Empiriker ist, der in der Welt dialektische Widersprüche findet, zielen die Kritikpunkte 2, 3 und 4 an Hubigs Verständnis der Dialektik vorbei. Die Kritikpunkte 1, 5, 6 und 7 werden in den folgenden Ausführungen zu Autonomie und Agency mitbedacht, denn die moderne Verfassung, wie sie Latour vorführt, schreibt Autonomie und damit scheinbar auch Agency allein den Subjekten zu, wobei a priori, d. h. aus der Explikation der reinen Vernunft, unfraglich ist, dass allein menschliche Akteure eine Subjektposition einnehmen können. Für Kant kann es nicht anders sein, geht er doch von dem *Gegebensein* der Vernunft als Faktum aus,[2] aus dem er seinen Autonomiebegriff ableitet, an den Hubig anknüpft. Entscheidend ist hier, dass Latours Agency-Konzept weiter gefasst ist als Kants Autonomiebegriff. Wir werden sehen, dass Hubig versucht, beiden Ansprüchen gerecht zu werden: das starke kantische Autonomiekonzept als ethische Richtschnur zu nutzen und die Machteffekte von Technik angemessen zu modellieren, also nicht per se als Intermediäre, sondern auch als Mediatoren in den Blick zu nehmen.

2. Wie steht Hubig zu Latour?

Es ist wichtig zu sehen, dass Latour die Unterscheidung zwischen Subjekt und Objekt zwar umschiffen, aber nicht über Bord werfen will: Gemeint ist vielmehr, dass der soziologische Beobachter sich selbst in Kategorisierungen und Zuschreibungen enthalten und allein den

2   Wie Adorno bemerkt, ist Kant in dieser paradoxen Formel vom Gegebensein der Vernunft zugleich Empirist und Rationalist, ist doch nichts anderes als die Vernunft selbst gegeben „und insofern der Widerpart von Erfahrung, obwohl ich von der Existenz oder der Gegebenheit dieser Vernunft nur durch Erfahrung weiß" (Adorno 2015, 117).

114 Zuschreibungen der beobachteten Aktanten folgen soll
(*Follow the actors!* Latour 1987). Die Frage, was als Objekt
und was als Subjekt erscheint, wird der Auskunft der
Quellen überlassen. Die ANT problematisiert die Frage,
wie man anfangen soll und stellt eine Reihe negativer
Vorschriften auf: man soll sich *agnostisch* (unparteilich)
gegenüber den beobachteten Akteuren verhalten, sich
auf eine *generalisierte Symmetrie* verpflichten, „wider-
sprüchliche Gesichtspunkte in der gleichen Terminologie zu
beschreiben" sowie auf eine *freie Assoziation*, womit gemeint
ist, alle „a-priori Unterscheidungen" zu vermeiden (Callon
2006a, 135–136). Hierzu entwickelt die ANT ein Forschungs-
vokabular mit möglichst abstrakten, leeren Ausdrücken
(z. B. Akrich/Latour 1992). Hinzu kommt die positive Regel,
die Arbeit der Vermittlung und Reinigung, der Subjekti-
vierung und Objektivierung, der Zuschreibungen und
Kategorisierungen aufzuzeichnen. Die Frage, *womit* man
anfangen soll, wird nicht weiter problematisiert:

> As always, it is best to begin in the middle of things,
> in medias res. Will the reading of a newspaper do?
> Sure, it offers a starting point as good as any. As soon
> as you open it, it's like a rain, a flood, an epidemic, an
> infestation. With every two lines, a trace is being left by
> some writer that some group is being made or unmade.
> (Latour 2005, 27)

Kein Anfangspunkt, kein Standpunkt ist per se günstiger
als ein anderer. Doch da man notwendig an einem Punkt
anfangen muss, heißt mittendrin anzufangen folglich, immer
von einer Batterie schwarzer Kisten auszugehen (deren
Entstehung man nicht weiter untersucht), um spezifische
andere Kisten überhaupt öffnen zu können.

Auch Hubig meint *in medias res* zu beginnen. Ihm geht
es dabei aber nicht darum, tatsächliche Assoziierungen,
Zuschreibungen usw. aufzuzeichnen, sondern er greift
Begriffsverwendungen und Typisierungen auf. Bei
Hubig (2015) finden sich genau genommen zwei Topoi
des Anfangens. Der erste ist diskursiver Natur und dient

dazu, den eigenen Ansatz innerhalb der Debatte, wie
man unseren Umgang mit Technik angemessen kon-
zeptualisieren kann, zu verorten. Hubig (2015, 8) bezieht
sich hier auf die missliche Gegenüberstellung von Tech-
nikdeterminismus und Sozialkonstruktivismus, die er aus
denselben Gründen wie Latour als schlechte Alternative
zurückweist. Technik dürfe weder als Ding noch als ver-
dinglichte Struktur angesehen werden. Aus diesem Bezug
zur Debattenlage innerhalb der Technikforschung gewinnt
Hubig zugleich die zentralen Grundbegriffe, die er dia-
lektisch reflektieren möchte. In seinen ersten beiden
Bänden ist dies der Technikbegriff, den er wie Latour das
Soziale nur attributiv verwendet wissen will. Als Attribut
kennzeichnet „technisch" für Hubig (2006, 141–142) eine
bestimmte Form des Handelns, und zwar diejenige, welche
auf die Sicherung instrumenteller Vollzüge aus ist. Ein bloß
instrumentelles Handeln ist für Hubig noch kein technisches
(man tut x, um y zu erreichen), sondern erst eine solches,
welches darauf abzielt, Systeme von Mittel-Zweck-Ver-
knüpfungen so abzusichern, dass diese Verknüpfungen zu
einem stabilen Mechanismus werden, mit dem sich wieder-
holbar erwartbare Ergebnisse hervorbringen lassen. Weil
technisches Handeln für Hubig diesen Sicherungs-Charakter
instrumenteller Verkettungen aufweist, ist für ihn in technische Praxis eine Reflexionsperspektive eingeschrieben,
die sich über die instrumentellen Mechanismen wie über
ihren Sicherungs-Anspruch und deren Realisationschancen
vergewissert. Diese Reflexionsperspektive verbindet Hubig
nun, qua Faktum der Vernunft, mit dem Anspruch, diese
technische Praxis vernunftgemäß zu vollziehen, und das
heißt u. a. danach zu fragen, wie das richtige Tun aus-
sieht, welches die richtigen Ziele sind, was das gute Leben
ausmacht usw. Hubig schreibt eine ethische Reflexion in
seinen Technikbegriff ein. Die Rolle eines Verantwortungs-
subjekts einer so verstanden Technikethik können für Hubig
sinnvollerweise nur Institutionen (und nicht Individuen)
wahrnehmen, da nur diese in der Lage sind, Möglich-
keitsspielräume zu gestalten (Hubig 1993). Steht Hubig als

Ethiker in der Tradition Kants, so entsteht eine Nähe zu
Latour in seiner Analyse der Macht der Technik, die er in
seinem dritten Band der *Kunst des Möglichen* in den Mittelpunkt stellt. Hier greift er auf Latour als Machttheoretiker
zurück, den er aber zugleich kritisiert, wenn es ihm um eine
„Reflexion der Subjektposition", geht,

> die zwischen dem Subjekt einer soziologischen
> Beschreibung und demjenigen philosophischer Ver-
> allgemeinerung oszilliert, ohne genauer das *Ver-*
> *hältnis* zu reflektieren, das ein Subjekt, welches sich
> in Determinationszusammenhängen beschreibt oder
> modelliert, zu solchen Zusammenhängen einnimmt.
> (Hubig 2015, 9)

Hubig wirft Latour vor, seine eigene Sprechposition nicht
zu reflektieren, die zwischen methodologischen und
metaphysischen Betrachtungen hin und her wechsele.
Hierbei geht es nicht um die schreibende Person Bruno
Latour, sondern darum, dass seine Texte Ansprüche
erheben (eine bessere Verfassung für unsere Welt zu
entwerfen, das Soziale besser zu erforschen), die logisch
nur aus einer Subjektposition heraus erhoben werden
könnten. Latour stellt seine Kritik und seine Vorschläge mit
seinen Publikationen zur Diskussion. Was macht er hier?
Doch nichts anderes als sich über unser Welt- und Selbstverständnis zu vergewissern und anderen zum Austausch
darüber, wie wir politische Verfahren gestalten wollen,
einzuladen (Latour 2015). Für Hubig bleibt ein solches Tun
blind, solange es sich nicht seiner eigenen Bedingungen
vergewissert.

Diese Unhintergehbarkeit der pragmatischen Basis verknüpft mit dem Anspruch, sich am Maßstab der Vernunft
zu orientieren und sich (auch ethisch) über sein Tun zu vergewissern und zu rechtfertigen, ist Hubigs systematischer
Ausgangspunkt, aus der er seine Kritik und Präzisierung
von Latour bezieht. Offenbar werden wir zu einer solchen
Reflexion weder physisch noch psychisch genötigt, so dass
sie sich mit Latour umfahren lässt. Was spricht für Hubigs

Anspruch? In praktischer Hinsicht hält er eine Rechtfertigung und Vergewisserung über unsere (guten) Gründe in dem Sinne für unhintergehbar, als dass unsere Ziele ohne diese bloß willkürlich gesetzt wären. Autoritäten, Dogmen, Gepflogenheiten würden folgen, setzten wir uns zu ihnen nicht in ein anerkennendes/ablehnendes Verhältnis, welches Hubig als höherstufiges Verhältnis zum In-zahl-reichen-Verhältnissen-Stehen konzipiert. Hubig schließt umfassender als Latour an die Kantischen Ideale der Aufklärung an, wenn für ihn mit dem Vermögen des Rechtfertigens unsere „Moralitätsfähigkeit" (2015, 10) auf dem Spiel steht.

Latour äußert sich weder zur Frage des Maßstabes/der Orientierung unseres Tuns noch zur Frage des Begründens positiv: Seine Umgehungsstrategie formuliert kein Gebot, wie man mit diesen Fragen umgehen sollte, weswegen hieraus allein nicht klar wird, ob Latour das Rechtfertigen als solches für nebensächlich oder gar überflüssig hält. Unterstellt man, dass für ihn das Begründen und (soziale) Erklärungen in eine Kategorie fallen, dann scheint er empirische Beschreibungen gegen das Geben von Gründen oder Erklärungen ausspielen zu wollen, wenn er seine Studierenden ermahnt, sich strikt an *das Beschreiben* zu halten, als aufzuzeigen, *wie* etwas passiert und alle *Warum-Fragen* beiseite zu lassen:

> I'd say that if your description needs an explanation, it's not a good description, that's all. [...]. What is meant by a ‚social explanation' most of the time? Adding another actor to provide those already described with the energy necessary to act. But if you have to add one, then the network was not complete. And if the actors already assembled do not have enough energy to act, then they are not ‚actors' but mere intermediaries, dopes, puppets. They do nothing, so they should not be in the description anyhow. (Latour 2005,147)

Das Begründen weist er aus denselben Gründen zurück, wie das Konzept der sozialen Erklärung, das zum Explanans

118 mache, was selbst Explanandum sei (Latour 2005, 238; Latour 1999; Johnson 2006). Das Soziale dürfe nicht hypostasiert werden, wie es in der Rede von „‚society', ‚social order', ‚social practice', ‚social dimension', or, ‚social structure'" durchscheint (Latour 2005, 3), sondern dürfe nur attributiv verwendet werden, und hier allein Verknüpfung von Entitäten (resultativ wie prozessual) ausweisen, nicht aber Dingeigenschaften:

> In this meaning of the adjective, social does not designate a thing among other things, like a black sheep among other white sheep, but a type of connection between things that are not themselves social. (Latour 2005, 5)

Es scheint, als käme für Latour die Praxis des Begründens und die des Erklärens einer Hypostasierung gleich oder einem Blackboxing dessen, was die ANT doch in ihren unnachgiebigen Beschreibungen transparent machen will. Folgt man Latour in diesem Anspruch, alle Warum-Fragen in Wie-Fragen zu transformieren, kann man ihn nicht fragen, *warum* er meint, wir bräuchten keine Begründungen oder Rechtfertigungen für unser Tun und Denken. Jedenfalls dürfte man keine Begründung in seinen Schriften für diese Position erwarten, sondern reichhaltige Beschreibung der zu verwerfenden Position und ihrer Alternativen, die zur *Evidenz* macht, was man sonst hätte rechtfertigen müssen. Unbegründet nehmen Latours Beschreibungen unserer Wirklichkeit (Welt voller Hybride) wie seine politischen Forderungen (alle Aktanten müssen in der Verfassung repräsentiert werden) eine dogmatische Form an, gegen die er den kantischen Ruf der Freiheit setzt, sich zu seinem eigenen Tun in ein rechtfertigendes Verhältnis setzen zu müssen:

> Dass eine simple cartesianische Begriffsstrategie, die strikt zwischen Subjekten und Objekten unterscheidet, dem Hybridcharakter dessen, was uns umgibt, nicht gerecht wird, ist mit guten Gründen, wie sie Latour dargelegt hat, anzunehmen. Folgt daraus aber, dass

wir von einer subjektiven Freiheit entbunden sind,
diese Artikulationen zu gewichten und als bessere oder
schlechtere (auch und gerade im normativen Sinne)
auszuzeichnen? (Hubig 2015, 111)

In diesem Punkt liegen Latour und Hubig am weitesten
auseinander.

Es wäre eine weiter zu verfolgende Forschungsfrage, was es
heißen kann, alle Begründungen in Deskriptionen zu über-
führen, ob dies gelingen kann und wie sich die praktische
Notwendigkeit des Interpretierens und Typisierens von
Beobachtetem zu dieser Forderung verhält. Ähnlich wie für
Karl Popper (1935) die Frage nach den Geltungsansprüchen
wissenschaftlicher Entdeckungen logisch unabhängig von
der Frage nach ihrer Genese ist, ist für Hubig die Dimension
des Begründens, Rechtfertigens und Anerkennens, wenn
nicht vollständig unabhängig, so doch *logisch verschieden*
von der Ebene des Beschreibens dessen, wie etwas zum
Sachverhalt wird. Weil Latour in der Dialektik jedoch nicht
mehr sieht, als die Reproduktion einer klassifikatorischen
Zweiteilung der beobachteten Phänomene, sieht es für ihn
so aus, als würde die Rückbindung an die Welt der Gründe
und der Akzeptabilität in der Verfassung der Moderne
gefangen bleiben.

Unabhängig von dieser Frage möchte ich hier dafür
plädieren, dass man beide Ansätze komplementär nutzen
kann, indem man z. B. ANT-Beschreibungen mit begriff-
lichen Differenzierungen präzisiert und/oder ethische
Forderungen einbezieht und umgekehrt den allgemein-
ethischen Orientierungsprinzipien, wie sie Hubig anbietet,
zu mehr Fülle und Passgenauigkeit verhelfen kann. Dieses
mögliche Zusammenspiel möchte ich abschließend am Beispiel des *autonomen Fahrens* andeuten.

3. Autonomie und Agency beim Autofahren

Fangen auch wir mittendrin an: Zahlreiche Akteure aus
Forschung und Entwicklung verkünden eine nahende
Zukunft des autonomen Fahrens:

> In Zukunft werden autonome Fahrzeuge aktiv am Stra-
> ßenverkehr teilnehmen. Die dafür notwendigen Daten
> generieren sie mithilfe von Kameras bzw. Sensoren,
> die vom Rechner in Echtzeit innerhalb von Sekunden-
> bruchteilen verarbeitet werden. Außerdem tauschen
> die Fahrzeuge untereinander sowie mit der Verkehrs-
> infrastruktur permanent Informationen aus. (Minx/
> Dietrich 2015, V)

Für Daimler ist das autonome Auto schon Realität und
Zeugnis der eigenen Fortschrittlichkeit:

> Prototypen wie die Mercedes-Benz S-Klasse S 500
> INTELLIGENT DRIVE, der F015 Luxury in Motion oder
> der Future Truck 2025 beweisen, dass die technischen
> Voraussetzungen für das autonome Fahren vorhanden
> sind. (Daimler 2016)

Für das *Bundesministerium für Verkehr und digitale
Infrastruktur* ist das „automatisierte und vernetzte Fahren"
Teil der Strategie, Deutschland wettbewerbsfähig zu halten:
„Unser Ziel ist, dass Schlüsseltechnologien der Mobilität 4.0
in Deutschland entwickelt, erforscht, getestet und pro-
duziert werden" (BMVI 2015, 2–3).

Hier kommt ein Phänomen auf, das sich mit Latour als
Quasi-Objekt beschreiben lässt, die er von herkömm-
lichen Objekten unterscheidet und manchmal Hybride
oder riskante Verwicklungen nennt (Latour 2015, 37–38).
Im modernistischen Verständnis zeichneten sich Objekte
durch folgende Merkmale aus: (a) ihre Dinghaftigkeit („klare
Umrisse" und „allgemein anerkannte Eigenschaften"),
(b) das Unsichtbar-Werden ihrer Hersteller und des

Herstellungsprozesses mit ihrer Fertigstellung, (c) der Umstand, dass man „erwartete und unerwartete Konsequenzen", welche ein Objekt nach sich zog, als „Auswirkungen eines anderen Universums" verstand, und diese etwa „sozialen Faktoren", „politischen Dimensionen" oder „irrationalen Aspekten" zuschrieb sowie (d) den Umstand, dass selbst katastrophale Folgen „niemals Auswirkungen auf die ursprüngliche Definition des Objektes" hatten. Hybride hingegen hätten (a) „keine festen Umrisse, keine klar definierten Wesenheiten und [...] keine klare Trennung zwischen hartem Kern und Umgebung", ihre Produzenten bleiben (b) auch nach ihrer Fertigstellung sichtbar: „verstört, umstritten, verwickelnd und verwickelt mit all ihren Instrumenten, Laboratorien, Werkstätten und Fabriken" und Teil ihrer Definition; das Universum (c), zu dem sie gehören, bleibt genauso dynamisch und unstabil, wie ihre Wesenheit. Sie lassen sich (d) „nicht mehr von den unerwarteten Folgen ablösen, die sie auf lange Sicht, weit entfernt, in einer inkommensurablen Welt auslösen werden" (Latour 2015, 39). „Asbest" sei eines der letzten Objekte, das man lange noch als modernes, herkömmliches Objekt ansah, bis es unzählige Skandale in ein „alptraumhaftes Gewirr von Recht, Hygiene und Risiko" (Latour 2015, 38) transformiert hätten. Prionen hingegen, „die wahrscheinlich für die BSE-Krankheit, den sogenannten Rinderwahnsinn, verantwortlich sind" (Latour 2015, 39), sei es nie gelungen modernistisch zu erscheinen. Latour (2008) schreibt in diese Unterscheidung die beiden historischen Thesen ein, dass Objekte früher eher den modernistischen Schein aufrechterhalten konnten, heute jedoch die vielen Hybride diesen Schein zum Fall bringen würden. Wir befänden uns in einer historischen Übergangssituation: „Die Welt des gesunden Menschenverstandes, in der wir leben, besteht immer noch überwiegend aus diesem modernistischen Objekttyp" (Latour 2015, 38).

3.1 Wer fährt autonom?

Mit Hubig möchte ich vorschlagen, Latours Unterscheidung dieser Objekttypen als eine aspektuale und relationale

122 zu verstehen, die eine phänomenale Analyse aus
der Sicht bestimmter, verschiedener Perspektiven
erlaubt – empirischer wie idealtypischer. Aspektuale
Unterscheidungen markieren verschiedene Hinsichten
auf ein Phänomen, ohne diese Charakterisierungen zu
hypostasieren. Entitäten sind demnach nicht entweder
herkömmliche oder Quasi-Objekte, sondern können in verschiedenen Hinsichten als solches oder solches erscheinen.
In welchen Hinsichten erscheinen autonome und vernetzte
Fahrzeuge als Hybride?

Mit Hubig können wir diese Frage aus der Perspektive
idealtypischer Nutzer erläutern und die Rolle der Schnittstellen einbeziehen: Schnittstellen zwischen Nutzern
und technischen Systemen aktualisieren die jeweiligen
Rollenzuschreibungen und Delegationen, sie regeln
den Informationsfluss und die Interventionsmöglichkeiten und können fest oder situationsabhängig variabel
gestaltet werden. Man spricht davon, dass Schnittstellen
entweder „tief" im Nutzer liegen, dann hat das System
hohe Interventionsmöglichkeiten, oder sie liegen „tief"
im System, dann kann der Nutzer im hohen Maße in die
(laufenden) Operationen eingreifen. *Interface* nennt Hubig
die jeweilige Gestaltung der Schnittstelle (etwa in Hinsicht
auf Informationsdichte, -qualität, -performanz, -rhyhtmus);
das Interface ist die wahrnehmbare Schnittstelle mit ihren
Ein- und Ausgabemodi (Gransche et al. 2014, 57–58), die
häufig Seh-, Hör- und Tastsinn involvieren.

Hubig (2015, 135) unterscheidet weiter drei „idealtypische
Vorstellungen, die Nutzer/innen über technische Vollzüge haben": den *Gebrauch von Werkzeugen*, das *Bedienen
von Maschinen* sowie das *Agieren in Systemen*, die real
fließend ineinander übergehen. „Direktes Feedback über
Zustand und Leistung des Mittels erlaubt kontinuierliche
und variable Intervention zum Zwecke der Optimierung
des gewünschten Effekts" beim Schema des Werkzeug-
gebrauchs, wie man es von Hobel und Hammer kennt, aber
auch beim Bremsen, Gas geben und Lenken erleben kann.

Hierfür muss die Schnittstelle eine hohe Transparenz „über
Funktionen und Funktionserfüllung der Aggregate [...]
größtmögliche Variabilität und Flexibilität der Interventionsmöglichkeiten und Erhalt der Eigenverantwortlichkeit des
steuernden Subjekts" (Gransche et al. 2014, 51) gewährleisten. Lässt man sich von Navigationsassistenten an sein
Ziel führen oder von Parkassistenten einparken, gleicht
dies dem Bedienen von Maschinen (wie Waschmaschinen),
bei denen der Bediener den Zweck vorgibt und gemäß
einer Angebotsauswahl über die jeweilige Schnittstelle das
gewünschte Programm wählt, dieses ein- und ausschaltet.
Die Wahl der Mittel und die Strategien des Mitteleinsatzes
im Vollzug werden (teilweise) dem assistierenden System
überlassen. Beim Agieren in technischen Systemen erlebt
sich der Nutzer teils als Glied in einem übergeordneten
Operationszusammenhang, teils erlebt er den Umgang
mit dem System interaktionsförmig, so als würde er mit
anderen Personen interagieren.

[Abb. 2] Self-Driving Car von Google+ (Google(ohne Datum)); seit 2016 fährt
Google unter dem Namen „Waymo".

Bremsen, Gas geben und Lenken lassen das Fahrzeug als
etwas Dinghaftes erscheinen, das sich überblicken und
führen lässt, auch wenn sich hinter der Benutzerober-
fläche eine Blackbox mit komplexen Prozessen auftut. Wird
man durch einen Parkassistenten (Sicht des Beifahrers,
Passagiers) eingeparkt, wird der Prozess des Einparkens

noch einmal anders verdunkelt, weil nicht nur der mecha-
nisch-elektrische Umsetzungsprozess im Dunkeln bleibt,
sondern der Prozess als solcher unterwegs nicht mehr
steuerbar ist (es sei denn der Parkassistent stellt sich ab,
sobald man das Lenkrad weiter einschlägt etc.).

Prinzipiell verschwinden aus Nutzersicht alle delegierten
Prozesse hinter den Schnittstellen – dies ist der Clou der
Komplexitätsreduktion durch Technik. Doch auch wenn
der Nutzer dem System die Wahl der Mittel und die Wahl
der Strategie zur Zielerreichung delegiert hat, ist das Prozessieren selbst für ihn solange sichtbar, wie es mitsamt
den möglichen Interventionsoptionen repräsentiert wird.
Alles, was von dem Interface nicht repräsentiert wird, bleibt
für den Nutzer unsichtbar/unhörbar/unspürbar (wenn es
auch über die Schnittstelle nicht zugänglich ist, dann ist es
zudem indisponibel für den Nutzer). Schnittstellen können
aus Sicht der Nutzer_innen in verschiedenen Hinsichten
verschwinden. Ist die Schnittstelle unseres autonomen
Fahrzeuges so gestaltet, dass sie die Rollen- und Auf-
gabendelegation dem Nutzer vorenthält (ob er als Pilot,
Überwacher, Bei-Fahrer, Passagier mitfahren will), so sind
diese für ihn nicht disponibel – wie beim Google Prototypen
(Abb. 3).

[Abb. 3] Innenansicht des Self-Driving Car (Carrie Campbell, *Washington Post*,
in: Siegal 2015).

Interfaces entgrenzen sich, wenn zum Beispiel in einem Smart Home alles zur potentiellen Bedienoberfläche wird oder zur Projektionsfläche von Mitteilungen des Systems.[3] *Agieren Systeme pro-aktiv* (vorauseilend), scheint in diesen Aktionen für den Nutzer überhaupt keine Schnittstelle vorzuliegen, weil er auf diese nicht im Modus von Delegationen Zugriff hat (sondern die Systemaktionen an Kontextdaten orientiert werden, zu denen u. a. auch das Verhalten des „Nutzers" gehören kann). Möglicherweise weiß der Nutzer gar nicht, dass er sich in einer Mensch-Technik-Relation befindet oder er wird mit Effekten konfrontiert, deren Zustande- kommen er nicht nachvollziehen kann. In diesen Fällen fehlt dem Nutzer jegliche *Spur* des Systemprozessierens (z. B. vom Datenfluss zwischen dem eigenen autonomen und vernetzen Fahrzeug mit anderen Verkehrsteilnehmern, Ver- sicherungen, Herstellern etc.).

3.2 Ethische Implikationen und Machtverhältnisse

Aus dem (subjektiven) Verschwinden der Schnittstellen leitet Hubig ethische Forderungen der Gestaltung technischer Möglichkeitsräume ab, die er aus der Differenzierung des Autonomiebegriffs und damit der Delegationen an tech- nische Systeme gewinnt.[4] Für die Differenzierung des Auto- nomiebegriffes greift er auf Kants Konzept der Selbstgesetz- gebung zurück, nach dem ein Tun genau dann autonom zu nennen ist, wenn das Subjekt des Tuns das „Gesetz", an welchem es sein Tun orientiert, „anerkannt" hat. Zu etwas in einem Anerkennungsverhältnis zu stehen, etwas anzuerkennen/abzulehnen, setzt nicht nur eine wie auch immer geartete Repräsentation (Vorstellung, Modellierung) dieses etwas und von sich selbst voraus, sondern eine „Selbstrepräsentation als Subjekt der Anerkennung oder

---

3   Vgl. den Beitrag „Freiwillige Fremdkontrolle" von Stefan Rieger in diesem Band.
4   Nils Gottschalk-Masouz (2008, 3–4) stellt verschiedene technische Bedeutungsaspekte von Autonomie heraus: autark, mobil, auto- matisch, umweltunabhängig, adaptiv, lernend, innovativ oder opak, nicht vorhersagbar.

Ablehnung der Repräsentation" (Gransche et al. 2014, 13).
Man muss sich also „zu sich selbst in ein normatives Verhältnis setzen können" (Hubig 2015, 131), in ein Verhältnis
welches geleitet von Wertvorstellungen, Ideen, aber auch
Traditionen, Konventionen usw. sich selbst als Agent einer
Anerkennung oder Ablehnung bewusst ist. Da wir eine
solche höherstufige Auskunft von nicht-menschlichen
Wesen nicht erwarten könnten (und würden), kommt
für Hubig Latours Symmetrieprinzip hier an eine Grenze.
Anders gesagt: *Die ANT lässt Fragen der Selbstgesetzgebung
und ihrer Anerkennung im Dunkeln.*

Hubig unterscheidet eine *Autonomie (1) der Zwecksetzung*
(erkennt man die Regeln, unter denen ein Handlungsschema
steht, an und agiert dann diesem Schema folgend, so erfolgt
dieses Tun autonom in Bezug auf die Ziele der Handlung)
von einer *Autonomie (2) der Strategieentscheidung* (die
sich auf die Wahl der Strategie oder Methode, welche das
Erreichen des gewünschten Ziels garantieren soll, bezieht)
sowie von einer operativen *Autonomie (3) der Mittelwahl*. Fah-
rassistenzsystemen kommt Autonomie (2) und (3) zu, wenn
sie z. B. unabhängig vom Verhalten der Fahrerin Kollisionen
vermeiden und hierbei autonom über die Wahl des Mittels
zur Kollisionsvermeidung – Bremsen oder Ausweichen
– disponieren.

Der kantischen Tradition folgend unterscheidet Hubig so
zwischen einer *Handlungsförmigkeit einer Aktion* (Agency)
und *einer Handlung im eigentlichen Sinne*; was zugleich die
grammatische Unterscheidung der Dritten Person (Beob-
achterperspektive) und der Ersten Person (Reflexionsperspektive) beinhaltet. Technisches Prozessieren erscheint für
Beobachter (wie Latour) als handlungsförmig, wenn dem
Geschehen Autonomie (2) oder (3) zugeschrieben werden
kann. Eine eigentliche Handlung im strengen Sinne läge
aber nur dann vor, wenn man dem Handlungsträger Autonomie (1) zuschreiben kann (unabhängig davon, ob man
ihm auch Autonomie (2) und/oder (3) zuschreiben kann); er
also als das Subjekt der Rechtfertigbarkeit dieser Handlung

als Handlung im Zuge seiner Anerkennung der Wert- und
Zielbindung des jeweiligen Handlungsschemas adressierbar
ist (Hubig 2015, 131).

Hubig empfiehlt eine Parallelkommunikation zu etablieren,
die der „Systemkontrolle, Transparenzgestaltung, Ver-
trauensbildung und Autonomiewahrung" und damit dem
obersten Ziel dient, dass sich Nutzer zum systemischen
Prozessieren überhaupt in Verhältnisse setzen können
und sich zu diesem In-Verhältnis-zu-X-Stehen ablehnend/
anerkennend verhalten können. Parallel zur System-
entwicklung soll (a) eine Kommunikation zwischen Entwicklern und Nutzern über die Systemgrenzen und Ein-
griffsmöglichkeiten etabliert werden, um zu verhandeln,
welche Interventionsoptionen, dem Nutzer z. B. *on
demand*, in Gefahrensituationen oder bei Irritationen
zum Systemprozessieren gewährleistet werden sollen.
Bestimmte zusätzliche Kanäle sollen darüber hinaus (b)
eine Parallelkommunikation on demand zwischen System
und Nutzer ermöglichen, in denen das System etwa über
seine Zustände, das Zustandekommen von Information/
Zuständen und entsprechenden Interventionsmöglichkeiten
Auskunft gibt.

Ethische Erwägungen dieser Art können aus meiner
Sicht ANT-Machtanalysen zum autonomen Fahren in
zwei Hinsichten bereichern. Zum einen könnten die
Beschreibung der gefundenen diskursiven Zuschreibungen
und technologischen Einschreibungen um eine kritische
Analyse ergänzt werden, die aus idealtypischen Perspektiven ((Nicht-)Nutzern, Entwicklern, Politikern etc.) die
Rolle der Schnittstellen und ihr mögliches Verschwinden diskutiert. Zum anderen könnten die ethischen Studien selbst
als Aktanten innerhalb der Akteurs-Welten, die das autonome Fahren definieren, in den Blick genommen werden.
Vielleicht agieren sie als Anwälte „für die Mängel der
Zusammensetzung des Kollektivs" (dies wäre die positive
politische Aufgabe, die Latour (2015, 294) den „Moralisten"
in seiner neuen Verfassung zuschreibt), vielleicht finden

sich bei ihnen Wertzuschreibungen, die andere Formen
der Übersetzung ins Spiel bringen und bestimmte
Assoziierungen erst knüpfen, die bestimmte Entwicklungen
des autonomen und vernetzten Fahrens erst ermöglicht
oder modifiziert usw. Welche Akteur-Welten entwerfen die
ethischen, juridischen Stimmen des autonomen Fahrens?
Welche Rollen sehen sie vor? Wen schließen sie aus dem
Kollektiv *autonomes Fahren* aus, wen beziehen sie ein (z. B.
die 3000 Verkehrstoten in Deutschland jährlich, vgl. Grunwald 2015, 676)? *Die Agency dieser Verkettungen als Teil der
Wirklichkeitsmacht neuer (technischer) Entwicklungen ist der
dunkle Fleck einer ethischen Reflexionsperspektive à la Hubig,
der durch die ANT ins Licht geholt werden kann.*

So wie Callon (2006b, 177) seine Machtstudie zum Elek-
trofahrzeug im Frankreich der 1970er Jahre bei dem „Plan"
der *Electricité de France* anfängt, welcher „die präzisen
Charakteristika des Fahrzeugs festlegte, das es fördern
wollte" und das entsprechende „soziale Universum, in dem
dieses Fahrzeug funktionieren würde", visioniert, könnte
man auch für das autonome Fahrzeug bei einer „primär
treibenden Kraft" beginnen, z. B. Daimler (oder einem
Prototyp, einem Forschungslabor, der Bundesregierung
oder ethischen Stimmen) und zunächst Inventarlisten der
Entitäten erstellen, mit denen sich der Schlüsselakteur
assoziiert (z. B. die Bundesregierung, Lobbyisten, Konkur-
renten, Zulieferer, Konsumenten, die bereit sind, (teilweise)
nicht selbst zu fahren, Autofahrer, die das Lenkrad nicht
aus der Hand geben wollen, Passanten, die Frage nach
der Bestuhlung, ÖPNV-Nutzer, Versicherungen, ethische
Richtlinien, Rechtsprechungen, Prototypen wie der S 500
Intelligent Drive, entsprechende Software-Systeme und
ihre Entwickler und Tester, Lenkräder, Bremskupplungen,
Straßenschilder, bestimmte Sensoren, Schnittstellen, Test-
strecken und ihre Designer usw.). Auf dieser Liste könnte
man ergänzen, welche „Rollen" Daimler für die jeweilige
Entität definiert hat, und in die sie diese versucht einzubinden. So würde die Daimler-„Akteur-Welt" ersichtlich,
welche deren Definition des autonomen Fahrens ausmacht.

Konkurrierende/Alternative Akteurs-Welten ließen sich
ebenfalls nachzeichnen, etwa ausgehend vom BMVI. An
irgendeinem Punkt der Studie ließe sich verfolgen, welche
Entitäten nun auf verschiedene Weisen versuchen, andere
Entitäten einzubinden und zu modifizieren, was man mit
Callon (2006a, 135–136) als Problematisierung, *Interes-
sement, Enrolment* oder Mobilisierung genauer beschreiben
könnte. Obligatorische Passagenpunkte wie gescheiterte
und geglückte Übersetzungen könnten herausgestellt
werden, Mediatoren von Intermediären geschieden werden
(Latour 2005, 38). Einige Entitäten schaffen es, andere zu
übersetzen, andere scheitern, andere sind bloße Zwischenglieder. Das *Self-driving Car* übersetzt Google vielleicht von
einem Internet-Dienstleistungs-Unternehmen in einen Auto-
mobilhersteller und ändert hierdurch die Bedeutung, was
es heißt ein Internet-Unternehmen und ein Automobilher-
steller zu sein. Setzen sich Prototypen wie der von Google+
durch, übersetzen diese möglicherweise unsere Vorstellung
von Elektrofahrzeugen, die dann immer schon als „self-
driving" vorgestellt werden.

Dies alles lässt sich nur empirisch klären. Die ANT hat
ihre Stärke darin, genau zu beschreiben, welche Entitäten
es schaffen, welche anderen Entitäten zu übersetzen, zu
transformieren, zu aktivieren, stillzustellen und zu zeigen,
welche Verknüpfungsversuche sich stabilisieren konnten
und welche nicht. Sie bietet so ein reiches empirisches
Bild davon, wie sich Machtverhältnisse verschieben und
stabilisieren können, wie einige Akteure wachsen, andere
schrumpfen – ohne dabei die Rolle nicht-menschlicher
Wesen zu übergehen oder zu mystifizieren. Wie beim
Aramis-Projekt könnten sich „chips" und „stacks of sub-
programs" als Mediatoren erweisen, die Zielsetzungen,
Definitionen, Hierarchien zwischen Zweck- und Mittelset-
zungen verändern (Latour 1996, 220). Der Prototyp, der in
Googles aktuellem Werbefilm (Stand Nov. 2016) wie ein
fertiggestelltes Ding erscheint, dessen Hersteller und
Herstellungsprozesse hinter dem Firmen Logo bereits
unsichtbar geworden sind, könnte so von einer schwarzen

130 in eine graue oder immer transparentere Kiste verwandelt werden, denn jede Entität besteht prinzipiell selbst aus unzähligen weiteren Entitäten mit ihren zahlreichen Verknüpfungen und Geschichten. Die so geöffneten Kisten wären der ethischen Reflexion als Fallstudien dienlich, an denen sie ihre Anwendungsbezüge erweisen könnten, indem sie konkrete Subjektivierungs- und Objektivierungsprozesse, aus denen das Feld des autonomen Fahrens allererst hervorgeht, vorführen würden, die dann auf ihre ethische Gestaltung hin (zum Beispiel gemäß Hubigs Akzeptabilitätsforderung) befragt werden können. Umgekehrt ließen sich die so (z. B. als Maximen) spezifizierten Orientierungsprinzipien und Modellierungsangebote als vernunftgemäße Maßstäbe von den exemplarischen Fällen aus als Prüfsteine nutzen, um sich über die weitere Gestaltung des autonomen Fahrens zu vergewissern – wenn man denn die Richtschnur der Vernunft, wie sie Hubig zum Beispiel expliziert, so anerkennen möchte, dass man ihr folgen will.

Literatur

Adorno, Theodor W. 2015. *Probleme der Moralphilosophie*. 2. Aufl., Frankfurt/Main: Suhrkamp.

Akrich, Madeleine/Latour, Bruno 1992. „A Summary of a Convenient Vocabulary for the Semiotics of Human and Nonhuman Assemblies." In: Bijker, Wiebe E./Law, John (Hg.): *Shaping Technology/Building Society: Studies in Sociotechnical Change*. Cambridge, MA: MIT Press, 259–264.

BMVI 2015. *Strategie automatisiertes und vernetztes Fahren: Leitanbieter bleiben, Leitmarkt werden, Regelbetrieb einleiten*. Berlin: BMVI.

Callon, Michel 2006a [1986]. „Einige Elemente einer Soziologie der Übersetzung: Die Domestikation der Kammmuscheln und Fischer in der St. Brieuc-Bucht." In: Belliger, Andréa/Krieger, David J. (Hg.): *ANThology: Ein einführendes Handbuch zur Akteur-Netzwerk-Theorie*. Bielefeld: Transcript, 135–174.

Callon, Michel 2006b [1986]. „Die Soziologie eines Akteur-Netzwerks: Der Fall des Elektrofahrzeugs." In: Belliger, Andréa/Krieger, David J. (Hg.): *ANThology: Ein einführendes Handbuch zur Akteur-Netzwerk-Theorie*. Bielefeld: Transcript, 175–193.

Daimler 2016. „Autonomes Fahren." Siehe: https://www.daimler.com/innovation/autonomes-fahren/special/veraenderungen.html (gesehen am 26.11.2016).

Gransche, Bruno/Shala, Erduana/Hubig, Christoph/Alpsancar, Suzana/
Harrach, Sebastian 2014. *Wandel von Autonomie und Kontrolle durch Mensch-Technik-Interaktionen: Grundsatzfragen autonomieorientierter Mensch-Technik-Verhältnisse*. Stuttgart: Fraunhofer.

Grunwald, Armin 2015. „Gesellschaftliche Risikokonstellation für autonomes Fahren: Analyse, Einordnung und Bewertung." In: Maurer, Markus et al. (Hg.): *Autonomes Fahren: Technische, rechtliche und gesellschaftliche Aspekte*. Berlin: Springer, 661–685.

Habermas, Jürgen 1988 [1981]. „Die Moderne – ein unvollendetes Projekt." In: Welsch, Wolfgang (Hg.): *Wege aus der Moderne: Schlüsseltexte der Postmoderne-Diskussion*. Weinheim: VCH, 177–192.

Hubig, Christoph 1993. „Die Notwendigkeit einer neuen Ethik der Technik: Forderungen aus handlungstheoretischer Sicht." In: Rapp, Friedrich (Hg.): *Neue Ethik der Technik? Philosophische Kontroversen*. Wiesbaden: DUV, 145–178.

Hubig, Christoph 2006. *Die Kunst des Möglichen: Grundlinien einer dialektischen Philosophie der Technik. Band 1: Technikphilosophie als Reflexion der Medialität*. Bielefeld: Transcript.

Hubig, Christoph 2007. *Die Kunst des Möglichen: Grundlinien einer dialektischen Philosophie der Technik. Band 2: Ethik der Technik als provisorische Moral*. Bielefeld: Transcript.

Hubig Christoph 2015. *Die Kunst des Möglichen: Grundlinien einer dialektischen Philosophie der Technik. Band 3: Macht der Technik*. Bielefeld: Transcript.

Hubig, Christoph 2016. „Dialektik." In: Richter, Philipp (Hg.): *Professionell Ethik und Philosophie unterrichten: Ein Arbeitsbuch*. Stuttgart: Kohlhammer, 133–144.

Johnson, Jim [= Bruno Latour] 2006. „Mixing Humans and Nonhumans Together: The Sociology of a Door-Opener." In: *Social Problems* 35(3), 298–310.

Kneer, G. 2016 [2008]. „Hybridizität, zirkulierende Referenz, Amoderne? Eine Kritik an Bruno Latours Soziologie der Assoziation." In: Kneer, Georg/ Schroer, Markus/Schüttelpelz, Erhard (Hg.): *Bruno Latours Kollektive*. Frankfurt/Main: Suhrkamp, 261–305.

Krämer, Sybille 2003. „Erfüllen Medien eine Konstitutionsleistung? Thesen über die Rolle medientheoretischer Erwägungen beim Philosophieren." In: Münker, Stefan/Roesler, Alexander/Sandbothe, Mike (Hg.): *Medienphilosophie: Beiträge zur Klärung eines Begriffs*. Frankfurt/Main: Fischer, 78–90.

Latour, Bruno 1987. *Science in Action: How to Follow Scientist and Engineers through Society*. Cambridge, MA: Harvard University Press.

Latour, Bruno 1999. „For David Bloor... and Beyond: A Reply to David Bloor's ‚Anti-Latour'." In: *Studies in History and Philosophy of Science* 30 (1), 113–129.

Latour, Bruno 2005. *Reassembling the Social: An Introduction to Actor-Network-Theory*. Oxford, New York: Oxford University Press.

Latour, Bruno 2006 [1999]. „Über den Rückruf der ANT." In: Belliger, Andréa/ Krieger, David J. (Hg.): *ANThology: Ein einführendes Handbuch zur Akteur-Netzwerk-Theorie*. Bielefeld: Transcript, 561–572.

Latour, Bruno 2008. *Wir sind nie modern gewesen. Versuch einer symmetrischen Anthropologie*. (Nous n'avons jamais été modernes. Essais d'anthropologie symétrique, Paris 1991). Übers. von Gustav Roßler. Frankfurt/Main: Suhrkamp.

Latour, Bruno 2013. *An Inquiry into Modes of Existence: An Anthropology of the Moderns*. Cambridge MA: Harvard Univ. Press (Orig. 2012).

Minx, Eckard/Dietrich, Rainer 2015. „Geleitwort." In: Maurer, Markus et al. (Hg.): *Autonomes Fahren: Technische, rechtliche und gesellschaftliche Aspekte*. Berlin: Springer, V–VII.

Popper, Karl 1935. *Logik der Forschung: Zur Erkenntnistheorie der modernen Naturwissenschaft*, Wien: Springer.

Seier, Andrea 2009. „Kollektive, Agenturen, Unmengen: Medienwissenschaftliche Anschlüsse an die Actor-Network-Theory." In: *Zeitschrift für Medienwissenschaft* 1, 132–135.

Siegal, Jacob 2015. „This is what the inside of Google's new self-driving car looks like." Siehe: http://bgr.com/2015/07/14/google-self-driving-car-photos/ (gesehen am 27.11.2016).

Abbildungen

Abb. 1: Latour, Bruno 2008. *Wir sind nie modern gewesen. Versuch einer symmetrischen Anthropologie*. Frankfurt/Main: Suhrkamp, S. 79 (dort „Abb. 6: Das moderne Paradox").

Abb. 2: Google (ohne Datum). „Self-Driving Car." Siehe: https://www.google.com/selfdrivingcar/images/home-where.jpg (gesehen am 26.11.2016).

Abb. 3: Campbell, Carrie, *Washington Post*. In: Siegal, Jacob 2015. „This is what the inside of Google's new self-driving car looks like." Siehe: http://bgr.com/2015/07/14/google-self-driving-car-photos/ (gesehen am 27.11.2016).

DROHNEN

ETHIK

ROBOTERETHIK

ARTIFICIAL INTELLIGENCE

HEALTHCARE

[6]

Autonomous Lethality: Lebenskritische Entscheidungen in der Roboterethik

Michael Andreas

Algorithmen durchdringen zunehmend unsere medialen Environments. Die sogenannte Roboterethik stößt dabei in den letzten Jahren auch in Bereiche vor, in denen es nicht mehr nur um benutzeroptimierten digitalen Content geht, sondern zunehmend auch um lebenskritische Entscheidungen. Gesellschaftspolitisch wird das etwa beim autonomen Fahren oder maschinengestützter Pflege diskutiert. Als *Autonomous Lethality* hält dieser Bereich zunehmend aber auch Einzug in den Diskurs um unbemannte Fahrzeuge des Militärs. Töten und Lebenlassen werden so unter dem Phantasma des Algorithmischen subsumiert.

What if you could make weapons like these in your own home. [...] This sounds like science fiction, but to some, it's not so far-fetched. (M. I. A.: Double Bubble Trouble)

„... who we all care about"

Im Hochsommer 2015 stellte der britische Physiker Stephen Hawking auf seinem persönlichen Facebookprofil die Frage aller Fragen. Er wolle wissen, so fragte Hawking seine Freunde und Abonnenten, ob es eine vereinheitlichte Theorie gebe, mithilfe derer sich die Schwerkraft mit den anderen physikalischen Grundgrößen in Deckung bringen lasse. Wie auf den sozialen Plattformen üblich, auf denen Diskurs kultiviert wird, schloss Hawking aber noch eine offene Frage an sein Publikum an: „Which of the big questions in science would you like to know the answer to and why?"

Die offen gestellte Frage seines prominenten Nutzers aus der Physik nahm Mark Zuckerberg persönlich zum Anlass, einen Kommentar zu hinterlassen. Zuckerberg sei, so schrieb er, vor allen Dingen interessiert an Fragen, die *die Menschen* betreffen: ob es etwa eine Möglichkeit gebe, länger zu leben, Krankheiten zu besiegen, wie das Gehirn funktioniere und wie man besser lerne. Zuckerberg wäre aber nicht Zuckerberg, wenn er diesen biologisch-medizinischen Fragen nicht eine sein Lebenswerk betreffende angeschlossen hätte. „I'm also curious about whether there is a fundamental mathematical law underlying human social relationships that governs the balance of who and what we all care about. I bet there is" (zitiert nach cnet 2015).

Zugrunde liegen diesem zutiefst technologischen Verständnis des Sozialen genau jene klandestinen Algorithmen, die wie kaum eine andere Technologie paradigmatisch für

das gegenwärtige Web 2.0 geworden sind. Suchmaschinen
wie Google, Einkaufsanbieter wie Amazon messen das Ein-
kaufs- und Browsingverhalten ihrer Nutzer_innen, womit
dann jene Inhalte gesteuert werden sollen, die diesen
überwiegend angezeigt werden. Sogenannte „soziale"
Plattformen wie Twitter oder Facebook lesen dieses Verhalten auch aus Verbindungen, die einzelne User_innen
mit anderen vergemeinschaftet. Das Soziale gerät in dieser
Lesart zu einer mathematisch in virtuellen Netzwerkknoten-
punkten abbildbaren Menge. Damit steht die algorithmische
Intelligenz pars pro toto für eine mögliche Anschreibung
eines in Änderung begriffenen Sozialen, das nicht länger
als politischer Handlungsspielraum, als Träger von Utopien,
als solidarische Gemeinschaft diskutiert wird, sondern als
ansteuerbares (und kapitalistisch auswertbares) „who and
what we all care about".

Michel Foucault, Autor der diesem Band titelgebenden
Studie *Überwachen und Strafen*, hat einen Diskursbegriff
entwickelt, der eben nicht den Konsens oder das Gespräch
meinte, wie sie den Plattformen Sozialer Medien als
Geschäftsmodell dienen, sondern der sich in erster Linie mit
den Sicht- und Sagbarkeiten innerhalb von Gesellschaften
und Epochen auseinandersetzt und damit nicht zuletzt die
Institutionen und Architekturen von Kontrolle und Disziplin in den Blick nimmt. Gerade in den aktuellen Debatten
um Datenschutz, Whistleblowing oder die algorithmisch-
kapitalistische Durchdringung des Internets zeigt, dass die
Rede von der „Disziplinar-" oder „Kontrollgesellschaft" (vgl.
Foucault 1977; Deleuze 1992; Deleuze 1993) zunehmend eine
gesellschaftliche Entsprechung zu finden scheint. Als Form
der Kritik hat die Diagnose von der Kontrollgesellschaft insbesondere in jenen Studien Eingang gefunden, welche die
Sozialen Medien als Produkt einer kalifornischen Ideologie
lesen (etwa bei Raunig 2011, zur kalifornischen Ideologie:
Barbrook/Cameron 2007) und die innerhalb der *Surveillance
Studies* (vgl. die Übersicht in Ball/Haggerty/Lyon 2012) ein
Revival erleben.

Algorithmische Entscheidungen

Vor welchen Fragen aber stehen wir, wenn die Ent-
scheidungsalgorithmen zunehmend die Konsumräume der
Onlinemilieus verlassen und sich anschicken, Teil unserer
lebensweltlichen Umgebungen zu werden? Dies geschieht
nicht nur aus Gründen der technischen Möglichkeiten
oder im Laufe der ökonomischen Automatisierung.[1] Im Fall
des *Ambient Assisted Living2* oder der Pflegerobotik folgt
die Automatisierung schlicht unhintergehbaren demographischen Gegebenheiten, denen mit einer algorithmischen Kritik, wie sie sowohl die überwachungs- als
auch die kulturmedienwissenschaftliche Debatte um die
sogenannten Sozialen Medien beherrscht, nicht mehr beizukommen ist.[3]

Was also passiert, wenn die algorithmische Kultur
zunehmend das Virtuelle verlässt und beginnt, ins Reale
überzugreifen? Oder genauer: wenn Algorithmen mit einer
Rhetorik des Humanistischen in die Lage gebracht werden
sollen, über Leben und Tod zu entscheiden? Zwei aktuelle
Beispiele aus der Roboterethik tragen dieser Überlegung
im Folgenden Rechnung. Die Diskurse der Roboterethik
sind dabei in beiden diametral gegenüberstehenden
Feldern zugleich virulent: Einmal in der maschinell unter-
stützten Pflege wie im Umfeld des *Ambient Assisted Living*
und zum anderen in der aus Militäretats geförderten und
geforderten Forschung zur *Autonomous Lethality*.

---

1   Vgl. dazu die von Elon Musk, einem der Pioniere des autonomen
    Fahrens, angestoßene Debatte um das Grundeinkommen nach
    dem Wegfall von Arbeitsplätzen durch die Automatisierung der
    Arbeitswelt.
2   Vgl. dazu den Beitrag von Stefan Rieger in diesem Band.
3   Vgl. etwa die Debatte in der *Zeitschrift für Medienwissenschaft* 13, insb.
    Heilmann 2015. Siehe auch Reigeluth 2014. Wenngleich diese Debatte
    nach den diversen Whistleblowing-Skandalen der letzten Jahre an
    Fahrt gewonnen hat und politisch notwendig ist, steht doch etwa
    Japan, eine der führenden Entwickler-Nationen für Assistenzroboter,
    schlicht vor dem demographischen Problem der Überalterung.

Den Krieg – oder, um genauer zu sein, gegenwärtige
unbemannte Fahrzeuge im militärischen Einsatz zu Land,
Wasser oder Luft[4] – im Feld des Philanthropischen, ja
Anthropophilen und Sozialen zu verorten, erscheint dabei
zunächst überraschend, wenn nicht zynisch. Zum einen folgt
die militärische Aufklärung – nicht erst seit den im Westen
vermuteten „Schläfern" des terroristischen Islamismus, die
über soziale Medien Kontakt zu ihren Auftraggebern halten
– netzwerk- und komplexitätstheoretischen Modellen,[5]
zum anderen ist die Kriegsführung spätestens seit dem
Zweiten Golfkrieg selbst nach organisationstheoretischen
Modellen strukturiert. Drittens verweist die Rhetorik auf
einen arbeitsrechtlichen Schutz und moralische Verant-
wortungsentlastung der eigenen Soldaten: Ich folge mit der
titelgebenden *Autonomous Lethality* (auf deutsch nur sehr
krude mit *ungesteuerter Sterblichkeit* zu übersetzen) einer
Begrifflichkeit der Roboterethik US-amerikanischer Pro-
venienz, die unter diesem Begriff die Hoffnung artikuliert,
militärische Entscheidungen über Leben und Tod zukünftig
an künstliche Intelligenzen delegieren zu können. Diesem

4   Ich folge dem umgangssprachlichen Gebrauch für „Drohne" für den
      deutschen bzw. anglophonen Sprachgebrauch. Dort bezeichnet
      Drohne oder eben *drone* die Gesamtheit unbemannter (autonomer
      wie ferngesteuerter) Fahrzeuge, also UAV (*Unmanned Aerial Vehicle*),
      Unmanned oder *Autonomous Surface Vehicle* (Wasserdrohnen),
      Unmanned Underwater Vehicles (Unterwasserroboter) oder *Unmanned
      Ground Vehicle* (UGV): Kampf-, Patrouillen- oder Sprengstoffroboter.
      Die Flugeigenschaften des *Unmanned Aerial Vehicle*, das am häufigsten
      im Alltagssprachgebrauch als Drohne bezeichnete Fahrzeug, wird
      homonym mit den männlichen Arbeitstieren der Bienen und anderer
      eusozialer Insekten verwendet, weil die frühen Zieldarstellungs-
      drohnen in ihren rudimentären Flugeigenschaften an Bienen
      oder Hummeln erinnerten. Der Begriff lässt heute jedoch keine
      Rückschlüsse auf die Flugeigenschaften des unbemannten Vehikels
      zu, und der Begriff hat sich auf autonome oder ferngesteuerte Land-
      roboter, Tauchfahrzeuge etc. erweitert. Außen vor bleiben in diesem
      Artikel zivile Drohnen, sogenannte Quadcopter, die zumeist für die
      Erstellung von Videos in Social Media oder zur Bildgestaltung in
      Fernsehen und Film zum Einsatz kommen.
5   Eine frühe Prominenz erreichte etwa die Operation *Able Danger* im
      Umfeld der Anschläge von 9/11. Vgl. ferner zu Al-Qaida als Netzwerk
      aus organisationssoziologischer Perspektive Marion/Uhl-Bien 2003.

140   durchaus mit der Emphase der Humanität geführten Diskurs stehen die politischen Bestrebungen von NGOs wie
dem Zusammenschluss „Campaign to Stop Killer Robots",
die „Electronic Frontier Foundation", „Human Rights Watch"
u. a. gegenüber, die sich je nach Schwerpunkt aus Gründen
des Datenschutzes oder des humanitären Pazifismus gegen
die politische und militärische Normalisierung von Drohnen
verwehren.[6]

Aus der Perspektive der diskursanalytischen Medienkulturwissenschaft, aus der sich mein Ansatz schöpft, werde
ich dazu die These aufstellen, dass sich in dem historischen
Novum des „unbemannten Tötens" ein *ethisches Unbehagen* artikuliert, das analog zum visuell-anthropologisch
kodierten *Uncanny Valley* der Robotik eine Lücke innerhalb
der Beziehung des Menschen zu seinen künstlichen Stellvertretern aufzeigt. Mit dem *Uncanny Valley* hat der japanische
Robotiker Masahiro Mori bereits 1970 beschrieben, wie
menschliche Stellvertreter – Roboter, aber ebenso Avatare
– auf den Menschen wirken. Das *Valley* oder Tal beschreibt
damit eine Lücke, in der der Roboter dem Menschen ähnlich
genug ist, um Unbehagen zu erzeugen, aber nicht ähnlich genug, um als gleichwertig akzeptiert zu werden (vgl.
Mori 2012 [1970]). Ist ein Roboter nicht ähnlich genug (als
Greifarm eines Industrieroboters etwa oder in Funktion und
Aussehen einem Rasenmäher nachempfunden), so wird er
als Maschine wahrgenommen, ist er ähnlich genug (etwa
Stimmfarbe und Sprachduktus bei der Haushaltsassistentin
„Alexa") wird er als Partner oder Gegenüber wahrgenommen.
Zwischen diesen beiden Akzeptanzengraden der Ähnlichkeit
und der Unähnlichkeit liegt Mori zufolge das *Uncanny Valley*.

6   Die „Campaign to Stop Killer Robots" wurde 2013 gegründet und ist
ein Zusammenschluss bekannter NGOs wie Amnesty International
oder Human Rights Watch, sie setzt vor allem auf Interventionen bei
staatlichen Militärbehörden oder den UN. Die „Electronic Frontier
Foundation" wurde in den 1990er Jahren gegründet und speist sich im
Wesentlichen aus Hacktivisten und Datenschützern, kritisiert also vor
allem die *surveillance*-Aspekte der derzeitigen Drohnenkultur.

Masahiro Moris Konzept des unheimlichen Tals hat mehr
als vierzig Jahre das Design von künstlichen Stellvertretern
beeinflusst, von Industrierobotern über das Design von
Unterhaltungselektronik bis hin zu *Computer Generated
Imagery* in Spielfilmen. Analog zu dem psychologischen
Phänomen des *Uncanny Valley* lässt sich nun aus der Entwicklung der *Artificial Intelligence* (AI) in den letzten Jahren
ein ethisches Unbehagen konstatieren, das dadurch zum
Ausdruck kommt, dass lebenskritische Entscheidungen
zunehmend an automatische Systeme ausgelagert werden
können.[7] Konnten frühe AIs noch als reine Textmaschinen
mittels des Turing-Tests überführt werden (vgl. Turing
1950, dazu: Davidson 2004), sind es heute gleich auf
sechsspurigen Highways fahrende Autos, deren Assistenzsystemen normativ korrektes Handeln anvertraut wird.[8]
Der Einzug von künstlichen Intelligenzen in lebenskritische
Entscheidungsbereiche gleicht somit in ethischer Hinsicht
der Krise des Anthropomorphismus, den Mori 1970 für die
Materialitäten maschineller Avatare beschrieben hatte:
Wie kann etwas, das selbst für den Menschen ein mora-
lisches Dilemma darstellt – gemeint sind hier die unlösbaren
ethischen Fragen, die das Töten von Menschen betreffen
wie etwa bei der Sterbehilfe oder dem fiktiven Trolley-Pro-
blem (vgl. Lin 2016) – an Maschinen delegiert werden?[9] Das
Unheimliche dieses ethischen Dilemmas liegt zunehmend in
den Zielen der Kriegsführung selbst.

---

7   Manzeschke et al. (2013) sprechen von „ethischen Kipppunkten" (27f.).
8   Vgl. dazu den Beitrag von Suzana Alpsancar in diesem Band.
9   Das Trolley- oder Weichenproblem wurde 1951 als moralisch-
    juristisches Dilemma erstmalig formuliert: Es beschreibt in seiner
    ursprünglichen Fassung die unmögliche Entscheidung, einen führer-
    losen Wagen auf Schienen in Richtung eines geringeren Schadens
    (mit weniger Opfern aber nichtsdestotrotz mit erheblichem Schaden)
    zu lenken. Das Dilemma liegt also darin, wie ermessen werden
    kann, welches Übel das geringere ist, wenn in jedem Falle Menschen
    zu Tode kommen. Es gilt wegen des naheliegenden Beispiels des
    Fahrzeugs *außer Kontrolle* als eines der wichtigsten Beispiele der
    Roboterethik im Kontext selbstfahrender Autos. Vgl. dazu etwa die
    Moral Machine des Massachusetts Institute of Technology, http://
    moralmachine.mit.edu/ (gesehen am 02.06.2017).

„Ethisches" Töten

Mit denen zumeist als „Drohnen" apostrophierten autonomen Luft-, Land- und Wassermaschinen, welche die
Armeen und zunehmend auch eine militarisierte Polizei
benutzen, gerät also ein Ethikkodex ins Unheimliche, der
während dem Zweiten Weltkrieg entworfen wurde und
der lange Zeit (und in der zivilen Roboterethik mitunter
noch immer) die Diskurse der *Human Robot Interaction*
beherrscht oder beherrscht hat (vgl. Riek/Howard 2014, 6).
Die Rede ist von Isaac Asimovs „Drei Gesetze der Robotik",
die dieser 1942 im Umfeld der amerikanischen Pulp-Zeit-
schrift *Astounding Science Fiction* erstmalig veröffentlichte
und die 1950 zum Hintergrund der Geschichtensammlung *I
Robot* wurden. Die „Drei Gesetze der Robotik" kursieren bis
heute im Umfeld ethischer Empfehlungen zur *Human Robot
Interaction*. Die drei Regeln sind einfach gehalten, wobei die
zweite und die dritte Regel den vorangehenden unterge-
ordnet ist:

1. Ein Roboter darf keinen Menschen verletzen oder durch
   Untätigkeit zu Schaden kommen lassen.
2. Ein Roboter muss den Befehlen eines Menschen
   gehorchen, es sei denn, solche Befehle stehen im Widerspruch zum ersten Gesetz.
3. Ein Roboter muss seine eigene Existenz schützen, solange
   dieser Schutz nicht dem Ersten oder Zweiten Gesetz
   widerspricht. (vgl. Asimov 1942)

Diese Roboterethik kennt weder Algorithmen noch
feindliche Menschen, sondern hat als oberstes Ziel
Schadlosigkeit mit der binären und zutiefst humanitären
Abstufung Mensch-Roboter. Im kriegerischen Einsatz
wird diese Binarität abgelöst durch die Binarität Freund-
Feind. Auf der einen Seite gilt es, die eigenen Soldat_innen
möglichst effektiv zu schützen, auf der anderen müssen
aber feindliche Ziele ausgeschaltet werden – im Idealfall
unter Vermeidung ziviler Opfer. Die Realität des Drohnen-
krieges hat jedoch gezeigt, dass diese Präzision eine

Rhetorik sicherheitspolitischer Schriften geblieben ist (vgl.
Weber 2013).

Dass mit der Frage nach *Autonomous Lethality* aufgerufene
Themenfeld lässt sich zunächst einmal in einem Kontext verorten, in dem ökonomische, soziale, demographische, aber
auch sicherheitspolitische Fragen verhandelt werden. Im
Folgenden möchte ich das Feld der sogenannten Roboterethik an zwei Anwendungsgebieten besprechen, in denen
es um die ethisch brisante Fragestellung geht: Inwiefern
können Roboter über das Ausmaß menschlichen Leids
entscheiden? An zwei diametral gegenüberstehenden Beispielen wird dieses deutlich, bei denen über Autoren, die zu
beiden Anwendungsbereichen schreiben, ein Diskurs über
Leben und Tod entfaltet wird. *Diese* Roboterethik begründet
zugleich die Notwendigkeit von Robotern im medizinischen
Einsatz (etwa zur Schmerztherapie), wie den Einsatz von
Robotern in bewaffneten Auseinandersetzungen. Den Titel
dieses Sammelbandes – *Anthropophile Medien* – möchte ich
daher in zwei Zugängen aufgreifen:

Erstens: Drohnen, zumindest in der Perspektive von *Autonomous Lethality*, sollen zukünftig ohne Steuerinstanzen im
Sinne eines echtzeitigen Eingriffs auskommen, einer letzt-
lich menschlichen Instanz zu einer finalen Entscheidung.
Die Frage dieser Roboterethik lautet also: wie kann die
Entscheidung Töten/Nicht-Töten so automatisch gestützt
werden, dass die sogenannte „kill-chain" (also die Zeit
zwischen Aufklärung, also militärischer *Intelligence*, Befehl
und Drücken des Abzugs) an die Echtzeit angenähert wird
(vgl. Gregory 2012, 193ff., zur Echtzeit vgl. Andreas 2015,
113ff.). Demgegenüber stehen Befürchtungen von NGOs
und Friedensaktivist_innen wie der „Campaign to Stop
Killer Robots", Maschinen könnten in Zukunft ganz eigen-
ständig über Töten und Am-Leben-Lassen entscheiden; sie
gehörten daher bereits präemptiv völkerrechtlich geächtet
(vgl. Campaign to Stop Killer Robots 2013).

Und zweitens: Die Befürwortung von *Autonomous Lethality*
hat statt unter Begleitung sicherheitspolitischer Diskurse,

militärischer Traumaforschung innerhalb des US-Militärs und einem Diskurs um einen sogenannten postmodern oder *asymmetrical warfare*, in der Kriege also nicht mehr national-staatlich geprägt sind und von Armeen auf Schlachtfeldern ausgetragen werden, sondern vielmehr Einzelpersonen oder Knotenpunkte in terroristischen Netzwerken Ziel der Angriffe sind (vgl. Münkler/Wassermann 2012; Boot 2014; Chamayou 2011).

Den Begriff der *Autonomous Lethality* entnehme ich den Publikationen des Roboterethikers Ronald C. Arkin (u. a. Arkin/Moshkina 2007). Arkin ist, darauf weist auch der Philosoph Grégoire Chamayou in seiner *Théorie du drone* hin, einer der führenden Theoretiker im Feld militärischer Roboterforschung (Chamayou 2014, 215ff.). Das Argument der Informationsverarbeitung – im Global Information Grid der US-Streitkräfte ist dies die möglichst an die Echtzeit angenäherte „kill chain" – wird hier zu einem Argument des Mikrosystems der Mensch-Maschine-Interaktion. In Arkins Roboterethik wird *Autonomous Lethality* zu einer Notwendigkeit aus der Perspektive der Drohnenpilot_innen bzw. derjenigen Militärs, die Drohnen einsetzen: Nicht nur, dass Maschinen schneller, mithin „ethischer" ent-scheiden könnten – „[Drones] will potentially be capable of performing more ethically on the battlefield than are human soldiers" (Arkin 2010, 332) – sondern auch von der Stressentlastung für die Pilot_innen ist dort die Rede (vgl. auch Otto/Webber 2013). Der Mensch „unter Waffen" war in dieser Perspektive schon immer defizitär, weil er unter den zahlreichen psychischen und emotionalen Belastungen, die der Krieg mit sich bringt, nicht humanitär genug ent-scheiden kann. Dazu kommen moralische Instabilitäten innerhalb der Truppe, die der Krieg auslöst: ein diffuser Hass gegen den Feind, der sich auch gegen Zivilist_innen vor Ort entladen kann, Gefühle von Rache, Panik, Angst oder gar „genocidal thinking" (Arkin 2010, 338), mit dem der Soldat im gegnerischen Land konfrontiert ist. Arkins Ethik ist eine des exterritorialen Krieges.

In diesem Verständnis ist der Mensch selbst „der Nebel des Krieges" (Clausewitz 2003, 43f.), nicht nur weil er dem emotionalen und psychischen Stress nicht gewachsen ist, sondern auch weil er die eingehenden Daten im vernetzten Krieg nicht schnell genug verarbeiten kann. Kriegsführung mit autonomen Systemen wird in dieser unter anderem vom US Militär finanzierten Forschung (wie etwa Arkin/ Moshkina 2013) als ethisch begründet, weil sie tödliche Entscheidungen perfektioniert.

Pflegeroboter

Anders verhält es sich, wenn lebenskritische Entscheidungen ohne die Binarität Freund/Feind auskommen. Zu einer der demographisch drängendsten Fragen in diesem Zusammenhang gehört die Frage der medizinischen Versorgung mithilfe autonomer Assistenzsysteme. Sie lässt sich nicht nur anhand von (mehr oder weniger anthropomorphen) Robotern und damit als Zukunftsentwurf durchdeklinieren, sondern taucht bereits bei tragbaren medizinischen Geräten auf, wie etwa einem automatischen externen Defibrillator (der aufgrund weniger Messdaten entscheiden muss, ob ein elektrischer Schlag notwendig ist) (vgl. Beasley 2012, 7f.; vgl. auch das Segment „Medicine and Care" in Lin et al. 2012). Dabei stellt sich neben der Frage der Akzeptanz, also der Einbettung der Roboter in die lebensweltlichen Umgebungen von beispielsweise Senioren, die Frage, wie der Roboter in kritischen Momenten Entscheidungen treffen soll. Komplexer wird die Frage nach der Automation bei subjektiveren Kriterien wie Schmerz – wann kann beispielsweise ein Pflegeroboter entscheiden, ob eine Patientin, die Schmerzmittel verlangt, diese auch bekommen darf? Noch kritischer wird diese Frage im Bereich der Medikation, und zwar dann, wenn eine vermeintlich logisch, und damit algorithmisch anschreibbare Entscheidung mit subjektiven Entscheidungen konfrontiert wird: Ein gängiges Dilemma oder Gedankenexperiment aus dem Bereich der Pflegerobotik veranschaulicht die Frage, was passiert, wenn eine (vielleicht demenzielle) Patientin einem autonomen Roboter gegenüber die Einnahme von Medikamenten verweigert (vgl. Manzeschke et al. 2013, 30f.).

Selbstverständlich stellen sich mit Pflegerobotern auch ethische Fragen nach einer sogenannten *eGouvernementalität* (vgl. Engemann 2013), die im Rahmen von *eHealth* verhandelt wird. In einschlägigen Fachmagazinen nimmt daher die Frage des Datenschutzes eine zentrale Stelle ein. So berichtet das seit 2012 in der Schweiz erscheinende Magazin *IT for Health* unter dem Titel „Der Spion im eigenen Haus":

> Wenn [Pflegeroboter] mit entsprechenden Sensoren ausgestattet sind, wenn sie eine gewisse Intelligenz sowie ein gutes Erinnerungsvermögen besitzen, werden sie nach und nach zu allwissenden, unheimlichen [sic!] Begleitern. [...] Sie könnten [so] ohne weiteres [zu Datensaugern] werden. Sie würden die Daten an die Roboterhersteller und die IT-Unternehmen (Google gehört zu beiden Branchen), an die Krankenkassen und die Polizei weiterleiten. Dass Informationen an Ärzte und Betreuer gelangen, kann sinnvoll sein, muss jedoch geregelt und beschränkt werden. Auch Ärzte sollten nicht alles über ihre Patienten wissen. Und zu einem guten Leben, selbst in der schwersten Krankheit, gehören eine intakte Privatsphäre und informationelle Autonomie [...]. (Bendel 2014, 24)

Was in dieser Überlegung zur Gesundheit unter Vorzeichen der *IT* anklingt, ist eine Verdoppelung des Autonomiebegriffs als anthropologische Konstante und nachgerade humanistische Forderung: Autonomie bedeutet demnach informationelle Selbstbestimmung gegenüber *dataveillance* bei gleichzeitiger Gewährleistung der subjektiven Autonomie kranker oder alter Patient_innen durch Sensoren und Algorithmen. Autonomie betrifft, unter Bedingungen global operiererender Firmen (Googles Algorithmen steuern sowohl Suchergebnisse wie autonom fahrende Autos) zugleich das Individuum wie dessen digitales Doppel (vgl. dazu Raunig 2011).

Drohnen

Seit den ersten Einsätzen bewaffneter Drohnen gegen Ziele in Afghanistan 2001 hat auch die Figur der Drohnenpilot_in vermehrt Aufmerksamkeit erhalten. Ihre Arbeit wird mit dem eines Videospielers verglichen, sie gilt gleichsam als Emblem eines postheroischen Zeitalters. Analog zur „Verflachung" der Kriegslandschaft[10] im operativen Bild der Drohne lässt sich so aus ethischer Perspektive eine „Verflachung" des Krieges konstatieren, in dem technologische Überlegenheit über Sieg und Niederlage entscheiden soll, möglichst ohne Verluste auf der eigenen Seite, und mit mittelbarer, und damit emotionaler Distanz der Waffenoperateure zum Kriegsgeschehen (vgl. Andreas 2015).[11] Wichtiger als der Vorwurf an den individuellen Soldaten sind mir dabei völkerrechtliche bzw. humanistische Fragestellungen. Dabei überlappen sich Debatten um autonomes Töten mit der Ästhetik einer *Doktrin der Menschenjagd*, als welche Grégoire Chamayou an anderer Stelle die US-Außenpolitik der letzten 15 Jahre charakterisiert hat (Chamayou 2011). Hierbei geht es um einen Paradigmenwechsel innerhalb kriegerischer Konflikte, in dem ein feindliches Individuum, und nicht mehr das Heer oder ein Truppenteil, buchstäblich ins Fadenkreuz rückt. Der Fall des getöteten Journalisten Saeed Chmagh, der im Juli 2007 von einem bemannten Helikopter aus erschossen wurde,

---

10   Von einer besonderen *aisthesis* der Kriegslandschaft spricht erstmalig der Infanterist und Gestaltpsychologe Kurt Lewin (1917).

11   Auf der anderen Seite haben Studien, u. a. des *US Armed Forces Health Surveillance Center* gezeigt, dass die Risiken für posttraumatischen Stress bei Drohnenpiloten vergleichbar sind mit denen von Kampfpiloten, insbesondere weil Führer_innen von Drohnen, eben anders als solche von Kampfflugzeugen oder Bombern, immer auch mit den Bildern von Opfern konfrontiert werden, da sie gehalten sind, nach dem Einsatz den Ort des Angriffs „aufzuklären" (vgl. Otto/Webber 2013).

148 erreichte nach der Veröffentlichung seiner Tötung durch
Wikileaks drei Jahre später weltweite Aufmerksamkeit: Der
Mitarbeiter der Nachrichtenagentur Reuters war aufgrund
einer Kamera mit einem bewaffneten Aufständischen ver-
wechselt worden. Das Videomaterial zeigte ein unscharfes
Bild des Journalisten. Das mitunter menschenverachtende
Gesprächsmaterial auf der Tonspur der Funkkommunikation
zwischen Helikoptercrew und Basis verstärkte den Eindruck
einer Exekution.

Eine militärpragmatische Ethik der Drohne müsste daher
auch von einer optimierten *Pattern Recognition* ausgehen:
Auch ohne *Autonomous Lethality* betrifft eine Ethik der
Remote Control zuallererst eine Ethik des *Remote Sensing*:
Wie soll eine Maschine in so komplexen visuellen und
sozialen Geflechten einer Großstadt unterscheiden können,
ob es sich um einen bewaffneten Feind oder einen Zivilisten
handelt?

Bei aller Notwendigkeit der ethischen Neuverhandlung des
Krieges im *Asymetrical Warfare*, darauf haben die Roboterethiker Patrick Lin und George Bekey von der California
Polytech hingewiesen, verfügt eine frühe einschlägige
militärische Publikation, die *Unmanned Systems Roadmap
2007–2032*[12] noch über keine einzige Nennung des Begriffs
„ethics". In der erneuerten Roadmap von 2013 taucht der
Begriff an einer einzigen Stelle als Adverb „ethically" auf,
bezeichnenderweise in einem Abschnitt, der mit dem
Begriff „Autonomy" überschrieben ist: „The relevant
question is, ‚Which activities or functions are appropriate
for what level of automation?'" (United States Department
of Defense 2013, 15)

In diesem Zusammenhang ist wichtig, dass etwa Ronald
Arkin nicht nur Befürworter von autonomen Killbots ist,
sondern zugleich einer der führenden Ethiker der *Human
Robot Interaction* für Pflegeroboter (etwa in Shim/Arkin/

---

12   Hg. 2007 vom US-Verteidigungsministerium, also fünf Jahre nach dem
      ersten Einsatz bewaffneter Drohnen, siehe: United States Depart-
      ment of Defense 2007. Vgl. auch Lin/Bekey/Abney 2009.

Pettinatti 2015): Roboter, so Arkin in diversen Publikationen,
könnten ethischer entscheiden als Menschen. Damit
ist Arkin einer der aktivsten Förderer einer *Autonomous
Lethality* innerhalb militärischer Roboterethik. „The
underlying thesis of research in ethical autonomy for lethal
autonomous unmanned systems" schreibt er unter dem
Titel *The Case for Ethical Autonomy in Unmanned Systems*, „is
that they will potentially be capable of performing more
ethically on the battlefield than are human soldiers" (Arkin
2010, 332). An einer anderen Stelle, diesmal unter dem
Titel *Ethical Robots in Warfare* macht Arkin die Elimination
menschlicher Regung geltend:

> It is my contention that robots can be built that do not
> exhibit fear, anger, frustration, or revenge, and that
> ultimately (and the key word here is ultimately) behave
> in a more humane manner than even human beings in
> these harsh circumstances and severe duress. (Arkin
> 2009a, 30)

Arkin befeuert damit die Diskussion um *Autonomous
Lethality* mit derselben Vehemenz (und übrigens mit
demselben Argument), mit der im Feld der Roboterethik
die Notwendigkeit von Pflegerobotern behauptet wird. Hier
geht es um Arbeitsplatzsicherheit, die Reduktion von Stress
auf Seiten der Soldaten, dort um demographische, sprich:
politische Notwendigkeiten.[13]

In einem Beitrag der Conference Proceedings von *We
Robot* (2014 in Florida abgehalten) wird daher gar nicht
mehr zwischen Pflege und Krieg unterschieden. In „A Code
of Ethics for the Human-Robot Interaction Profession",
gemeinsam verfasst von dem Philosophen Don Howard und
der Robotikerin Laurel Riek, ist die Rede von einer

---

13 „Imagine the face of warfare with advanced robotics: Instead of
our soldiers returning home in flag-draped caskets to heartbroken
parents, autonomous robots [...] can replace the human soldier in an
increasing range of dangerous missions [...]" (Lin et al. 2009, 49).

[...] increasing and ever more widely recognized need for ethics in programming in [AI] systems, ranging from autonomous weapons to self driving cars. [...] The ethical issues we discuss are generally applicable to all robots in Human Social Environments, regardless of their level of autonomy, their role, [...] or their morphology. (Riek/Howard 2014, 2)

Die Ethik einer autonomen Handlung gerät so an die bloße technische Realisierbarkeit ihrer Vorhaben (vgl. auch Arkin 2009b).

Im April des Jahres 2015 trafen sich in Genf, bei der *United Nations Convention on Certain Conventional Weapons*, führende nationalstaatliche Vertreter, um einen Kodex für eine Zukunft mit autonomen Waffen auszuhandeln. Da diese Zukunft unbestimmt ist – d. h. bisher gibt es weder diese Technologien noch Richtlinien nach internationalem Recht darüber – wird versucht, den ethischen, mitunter absoluten Einwänden von NGOs wie der Initiative „Campaign to Stop Killer Robots" eine Definition vorzuschreiben. Im Umfeld dieses Treffens entstand ein Report, der „Autonomie" in Bezug auf Maschinen daher nicht länger isoliert innerhalb des militärisch-industriellen Komplexes betrachten, sondern den Begriff der Autonomie in den bereits alltäglichen Environments wiederfinden will: „In its simplest form, autonomy is the ability of a machine to perform a task without human input," so der Report:

Autonomous systems are not limited to robots or uninhabited vehicles. In fact, autonomous, or automated, functions are included on equipment that people use every day. [...] I think there is this sort of paradigm we have inherited, in part from science fiction, of technological creations that turn against us. [...] The better way to think of it is in terms of what tasks are being done by a machine and what tasks by a person. (Scharre/Horowitz 2015, 5)

Schluss

Es wäre, um noch einmal auf Grégoire Chamayous Theorie
der Drohne zurückzugreifen, ein politischer Irrtum zu
glauben, die Automatisierung selbst sei ein Automatismus.
Vor dieser Gegenwartsdiagnose einer Ubiquität autonomer
Maschinen in der alltäglichen Lebenswelt lässt sich die
Frage nach der Roboterethik zum Abschluss noch einmal
historisieren. Isaac Asimovs Robotergesetze entstanden
zu einer Zeit, in der Theodor Adorno im kalifornischen
Exil, und angesichts des industrialisierten Massenmords in
Europa über der *Minima Moralia* sitzt (übrigens ganz in der
Nähe, und fast zeitgleich, sitzt Günter Anders an den ersten
Bausteinen für die *Antiquiertheit des Menschen*). Für Adorno
bildeten 1944 die V-Raketen, die von Nazideutschland auf
London abgefeuert worden waren, einen der Gegenstände
seiner Theoriebildung (vgl. Adorno 2002, etwa 192ff.). Und
wichtige Texte dessen, was heute nach Friedrich Kittler
Medientheorie heißt, entstehen unter dem Eindruck der
Aufstellung weiterer Atomwaffen auf europäischem Boden
oder der Bilderpolitiken des Jugoslawienkrieges oder des
Zweiten Golfkrieges. Neben Kittlers Faszination für Hee-
resgerät (zentral: Kittler 1986, 149) sind Paul Virilios *Krieg
und Kino*, sein *Krieg und Fernsehen* zu nennen oder eben Jean
Baudrillards berühmte Wendung, der Golfkrieg habe nie
stattgefunden (Virilio 1986; Virilio 1999; Baudrillard 1994;
Baudrillard 1991).

Das Organisieren der Entäußerung von politischer Subjektivität sei, so Chamayou über die Apologeten der Drohne,
heute zur Hauptaufgabe ebendieser Subjektivität geworden
(Chamayou 2014, 214f.). In diesem Herrschaftsmodus, der
mittels Verwandlung seiner Befehle in Programme, und
seiner Agenten in Automaten verfahre (oder im Falle der
Pflegeroboter: der seine, durch den demographischen
Wandel notwendig gewordenen, gesellschaftspolitischen
Aufgaben an Automaten delegiert), werde die Macht, die
sich schon früher in weiter Ferne befand, nunmehr gänzlich
ungreifbar. Die in der Perspektive des Militärs notwendige

152 Forschung zur Roboterethik stößt somit auf eine Ethik, die sich nicht darin genügt, moralische Kalküle anschreibbar zu machen. Chamayou hat darauf hingewiesen, dass solche Kalküle massiv legalistisch werden, wenn sie etwa zivile Opfer buchstäblich einkalkulieren. Töten funktioniere demnach unhinterfragt und somit

> [...] im *Regelzustand*, nicht im Ausnahmezustand. [...] Die Gefahr besteht [...] nicht darin, dass die Roboter beginnen könnten, den Gehorsam zu verweigern; sie besteht im Gegenteil genau darin, dass sie niemals ungehorsam sind. (Chamayou 2014, 226f., Hervorh. ebd.)

Damit fallen die hier besprochenen anthropophilen Medien nicht zuletzt in einen uralten Kernbereich geisteswissenschaftlicher Forschung, der vom *Linguistic Turn* weitestgehend unbetroffen geblieben ist – die Moral. Fungiert das Panopticon bei Foucault – insbesondere unter Berücksichtigung seiner späteren Schriften – als zutiefst totalitäres Dispositiv, dessen latente Überwachung die Besserung seiner Insassen nur durch eine zutiefst perfide Disziplinierung möglich machte, verstand Jeremy Bentham, der eigentliche Architekt – darauf weist Zygmunt Bauman im Gespräch mit dem Überwachungssoziologen David Lyon hin –, sein Panopticon explizit als moralische Institution, als „Versuch [...], den Geist der Aufklärung in Stein zu meißeln" (Bauman/Lyon 2013, 170ff., vgl. auch Nosthoff 2014, 97f.). Liest Foucault das Panopticon als Architektur gewordene Parabel für die neoliberale Selbstoptimierung der Subjekte in modernen Gesellschaften, schwingt beim historischen Bentham noch der Rousseauistische Gedanke mit, man müsse das Volk zu seinem Glück zwingen:

> Was bei Bentham noch der Kontrolleur im zentralisierten Turm war, verliert sich in virtuellen Netzwerken einer flüssigen Weblandschaft unter Routinen gegenseitigen Stalkings und Auswertungspraktiken personaler Daten im Zuge marketingbasierter Zielgruppenoptimierung. (Nosthoff 2014, 95)

Um noch einmal auf die Eingangsthese zurückzukommen:
Wir befinden uns also, ähnlich wie die Robotiker der 1960er
und 1970er Jahre, in der lebensechte Avatare eben noch
nicht realisierbar waren, in einem ethischen *Uncanny Valley*,
in der eine unbestimmte Zukunft autonom handelnder
und tötender Maschinen in Bezug auf eine zutiefst humanistische Ethik verhandelt wird. Nachgerade posthuma-
nistische Entwürfe wie die des Roboterethikers Ronald Arkin
sehen gerade in dem Abzug jedes menschlichen Affekts wie
Skrupel, Trauma oder eben *Trigger Happiness* (Schießwütig-
keit) die Vorteile einer *Autonomous Lethality*.

Das ethische Unbehagen und eben das bei Mori noch
ästhetisch-morphologische definierte *Uncanny Valley*
gehen zunehmend eine Allianz ein. Im Rahmen ihrer „The
Robotics Challenge" der DARPA (der zentralen Forschungs-
abteilung der US-Streitkräfte) entstehen regelmäßig für
den Mainstream aufbereitete Bilder von komplett autonomen Rettungs-Robotern, die bei der Bewältigung eines
festgelegten Katalogs von Aufgaben (Überwinden einer
Schikane, Öffnen einer Tür, Verschließen eines Ventils) bild-
tauglich versagen.

Abb. 1: Verunglückender Roboter auf der jährlichen Show der *Defense
Advanced Research Projects Agency*. Darpa Robotic Challenge 2015 (Neely 2015).

In Bezug auf eine Ethik autonomer Maschinen fungieren
diese Inszenierungen als eine Art Comic Relief. Sie bilden

154 das visuelle Gegenstück zu eben jenem Unheimlichen, das sich durch die Unsichtbarkeit eines bisherigen Tötens auf Distanz und einer vorweggenommenen, zukünftigen *Autonomous Lethality* ergibt. Die visuelle Metapher des „ethischen Kipppunktes" (vgl. Manzeschke et al. 2013, 27f.), von der im Umfeld von altersgerechten Assistenzsystemen die Rede ist, findet hier eine Entsprechung für die oftmals klandestinen Technologien der Militärs und Geheimdienste. Mag auch der Feind verschwunden sein, wie es Jean Baudrillard bereits für die Nachtbilder des Golfkriegs behauptete (Baudrillard 1991), die Notwendigkeiten einer Ethik unbemannter Kriegsführung sind es nicht.

Literatur

Adorno, Theodor W. 2002. *Minima Moralia: Reflexionen aus dem beschädigten Leben*. 3. Aufl. Frankfurt/Main: Suhrkamp.

Andreas, Michael 2015. „Flächen/Rastern: Zur Bildlichkeit der Drohne." In: *Behemoth: A Journal on Civilisation* 8 (2), 108–127.

Arkin, Ronald C. 2009a. „Ethical Robots in Warfare." In: *Technology and Society Magazine* 28 (1), 30–33.

Arkin, Ronald C. 2009b. *Governing Lethal Behavior in Autonomous Robots*. Boca Raton, FL: CRC Press.

Arkin, Ronald C. 2010. „The Case for Ethical Autonomy in Unmanned Systems." In: *Journal of Military Ethics* 9 (4), 332–41.

Arkin, Ronald C./Moshkina Lilia 2007. „Lethality and Autonomous Robots: an Ethical Stance." In: *2007 IEEE International Symposium on Technology and Society*, Las Vegas, NV, ohne Paginierung.

Asimov, Isaac 1942. „Runaround." In: *Astounding Science Fiction* 29 (1), 94–103.

Ball, Kirstie/Haggerty, Kevin/Lyon, David (Hg.) 2012. *Routledge Handbook of Surveillance Studies*. London: Routledge.

Barbrook, Richard/Cameron, Andy 2007 [1995]. „The Californian Ideology." Siehe: http://www.imaginaryfutures.net/2007/04/17/the-californian-ideology-2/ (gesehen am 01.07.2017).

Baudrillard, Jean 1994. „Die Illusion des Krieges." In: ders.: *Die Illusion des Endes*. Berlin: Merve, 101–106.

Baudrillard, Jean (im Gespräch mit Nikolaus von Festenberg und Claudius Seidl) 1991. „Der Feind ist verschwunden: Interview mit dem Pariser Kulturphilosophen Jean Baudrillard über die Wahrnehmbarkeit des Krieges." In: *Spiegel* 1991 (6), 220–221.

Bauman, Zygmunt/Lyon, David 2013. *Daten, Drohnen, Disziplin: Ein Gespräch über flüchtige Überwachung*. Berlin: Suhrkamp.

Beasley, Ryan A. 2012. „Medical Robots: Current Systems and Research Directions." In: *Journal of Robotics* 2012 (2), 1–14.

Bendel, Oliver 2014. „Der Spion im eigenen Haus." In: *IT for Health* 4 (1), 22–24.

Boot, Max 2014. *The Savage Wars of Peace: Small Wars and the Rise of American* **155**
Power. New York: Basic Books.

Campaign to Stop Killer Robots 2013. „Presentation to the UN Secretary-
General's Advisory Board on Disarmament Matters: Agenda Item
‚Disarmament and Security Implications of Emerging Technologies'."
Genf, 28.06.2013. Siehe: http://stopkillerrobots.org/wp-content/
uploads/2013/03/KRC_PresentationUNSGdisarmament28June2013_
AsDelivered.pdf (gesehen am 01.07.2017).

Chamayou, Grégoire 2011. „The Manhunt Doctrine." In: *Radical Philosophy* 169
(Sep/Oct), 2–6.

Chamayou, Grégoire 2014. *Ferngesteuerte Gewalt: Eine Theorie der Drohne.*
Wien: Passagen Verlag.

Clausewitz, Carl von 2003 [1832]. *Vom Kriege.* Erftstadt: Area.

cnet 2015. „Stephen Hawking asks a big question of Mark Zuckerberg." Siehe:
https://www.cnet.com/news/stephen-hawking-asks-the-big-questions-
of-mark-zuckerberg/ (gesehen am 20.06.2017).

Davidson, Donald 2004. „Turing's Test." In: ders.: *Problems of Rationality.*
Oxford: Clarendon Press, 77–86.

Deleuze, Gilles 1992. *Foucault.* Frankfurt/Main: Suhrkamp.

Deleuze, Gilles 1993. „Postskriptum über die Kontrollgesellschaften." In:
ders.: *Unterhandlungen: 1972–1990.* Frankfurt/Main: Suhrkamp, 254–262.

Engemann, Christoph 2013. „Write Me Down, Make Me Real: Zur Gou-
vernemedialität Digitaler Identität." In: Passoth, Jan-Hendrik/Wehner,
Josef (Hg.): *Quoten, Kurven und Profile: Zur Vermessung der sozialen Welt.*
Wiesbaden: Springer VS, 205–229.

Foucault, Michel 1977. Überwachen und Strafen: Die Geburt des Gefängnisses. Frankfurt/Main: Suhrkamp.

Gregory, Derek 2012. „From a View to a Kill: Drones and Late Modern War." In:
Theory, Culture & Society 28 (7–8), 188–215.

Heilmann, Till A. 2015. „Datenarbeit im ‚Capture'-Kapitalismus: Zur Ausweitung der Verwertungszone im Zeitalter informatischer Überwachung."
In: *Zeitschrift für Medienwissenschaft* 13, 35–47.

Kittler, Friedrich 1986. *Grammophon Film Typewriter.* Berlin: Brinkmann &
Bose.

Lewin, Kurt 1917. „Kriegslandschaft." In: *Zeitschrift für angewandte Psychologie*
12: 440–447.

Lin, Patrick: 2016. „Why Ethics Matters for Autonomous Cars." In: Maurer,
Markus et al. (Hg.): *Autonomous Driving.* Berlin, Heidelberg: Springer,
69–85.

Lin, Patrick/Abney, Keith/Bekey, George A. 2009. „Robots in War: Issues of
Risk and Ethics." In: Capurro, Rafael/Nagenborg, Michael (Hg.): *Ethics and
Robotics.* Heidelberg: Akademische Verlagsgesellschaft, 49–67.

Lin, Patrick/Abney, Keith/Bekey, George A. 2012. *Robot Ethics: The Ethical and
Social Implications of Robotics.* Cambridge, MA: MIT Press.

M.I.A. 2013 „Double Bubble Trouble", In: *Matangi.* Interscope (= B0019325-01).
Official Video zur Single, UK 2014, Regie: M.I.A.

156   Manzeschke, Arne/Weber, Karsten/Rother, Elisabeth/Fangerau, Heiner 2013. *Ergebnisse der Studie „Ethische Fragen im Bereich Altersgerechter Assistenzsysteme."* Berlin: VDI/VDE.

Marion, Russ/Uhl-Bien, Mary 2003. „Complexity Theory and Al-Qaeda: Examining Complex Leadership." In: *Emergence* 5 (1): 54–76.

Mori, Masahiro 2012 [1970]. „The Uncanny Valley." In: *IEEE Robotics & Automation Magazine* 19 (2), 98–100.

Münkler, Herfried/Wassermann, Felix 2012. „Von strategischer Vulnerabilität zu strategischer Resilienz: Die Herausforderung künftiger Sicherheitsforschung und Sicherheitspolitik." In: Gerhold, Lars/Schiller, Jochen (Hg.): *Perspektiven der Sicherheitsforschung*. Frankfurt/Main: Peter Lang, 77–95.

Nosthoff, Anna V. 2014. „Jeremy Bentham, Das Panoptikum & Baumann/Lyon, Daten, Drohnen, Disziplin (Doppelbesprechung)." In: *Zeitschrift für philosophische Literatur* 2 (1), 82–101.

Otto, Jean L./Webber, Bryant J. 2013. „Mental Health Diagnoses and Counseling Among Pilots of Remotely Piloted Aircraft in the United States Air Force." In: *Medical Surveillance Monthly Report* 20 (3), 2–8.

Raunig, Gerald 2011. „Dividuen des Facebook: Das neue Begehren nach Selbstzerteilung." In: Leistert, Oliver/Röhle, Theo (Hg.): *Generation Facebook: Über das Leben im Social Net*. Bielefeld: Transcript, 145–160.

Reigeluth, Tyler 2014. „Why Data Is Not Enough: Digital Traces as Control of Self and Self-Control." In: *Surveillance & Society* 12 (2), 243–254.

Riek, Laurel D./Howard, Don 2014. „A Code of Ethics for the Human-Robot Interaction Profession." In: *We Robot Conference Proceedings*. Miami, FL, 1–10.

Scharre, Paul/Horowitz, Michael C. 2015. *An Introduction in Autonomy in Weapon Systems: CNAS Working Paper*. Washington, DC. Siehe: https://www.files.ethz.ch/isn/188865/Ethical%20Autonomy%20Working%20Paper_021015_v02.pdf (gesehen am 20.06.2017).

Shim, Jaeeun/Arkin, Ronald C. 2015. „An Intervening Ethical Governor for a robot mediator in patient-caregiver relationship: Implementation and Evaluation." In: Aldinhas Ferreira, Maria et al. (Hg.): *A World with Robots: International Conference on Robot Ethics: ICRE 2015 Conference Proceedings*. Cham: Springer, 77–92.

Turing, Alan M. 1950. „I. Computing Machinery and Intelligence." In: *Mind* 59 (236), 433–460.

United States Department of Defense 2007. *Unmanned Systems Roadmap 2007–2032*. Arlington, VA. Siehe: http://www.globalsecurity.org/intell/library/reports/2007/dod-unmanned-systems-roadmap_2007-2032.pdf (gesehen am 20.06.2017).

United States Department of Defense 2013. *Unmanned Systems Integrated Roadmap 2013–2038*. Arlington, VA. Siehe: http://www.defense.gov/Portals/1/Documents/pubs/DOD-USRM-2013.pdf (gesehen am 20.06.2017).

Virilio, Paul 1999. *Krieg und Fernsehen*. München, Wien: Carl Hanser.

Weber, Jutta 2013. „Vorratsbomben im Himmel: Über digitalen Terror, unsichtbare Opfer und die Rhetorik der Präzision." In: Heinrich-Böll-Stiftung (Hg.): *High-Tech-Kriege: Frieden und Sicherheit in den Zeiten von*

Drohnen, Kampfrobotern und digitaler Kriegsführung (= Schriften zur Demokratie 36). Berlin: Heinrich-Böll-Stiftung, 31–43.

Abbildungen

Abb. 1: Neely, Priska 2015. „At DARPA Challenge, Robots (Slowly) Move Toward Better Disaster Recovery." Siehe: http://www.npr.org/sections/alltechconsidered/2015/06/07/412533020/at-darpa-challenge-robots-slowly-move-toward-better-disaster-recovery (gesehen am 20.06.17).

INTUITION

KOLLABORATION

LEIB

ROBOTIK

MODELL

COMPUTERSIMULATION

Das Interface der Selbstverborgenheit: Szenarien des Intuitiven in Mensch-Roboter-Kollaborationen

Dawid Kasprowicz

Der Begriff der Intuition geht einher mit Vorstellungen einer reibungslosen und selbstverständlichen Kommunikation. In dieser Hinsicht greift er eine Semantik des impliziten Wissens auf, die heute zum zentralen Gegenstand von Mensch-Roboter-Kollaborationen geworden ist. Es ist die Formalisierung eines vor allem körperlichen und sozialen Wissens, dass die Intuition als wirksame Metapher sowie als medientheoretische Figur einer unmittelbaren Mittelbarkeit ins Spiel bringt. So sind es gerade die Modelle und Simulationen der Kollaborationsszenarien, in denen verhandelt wird, wie viel Kontrolle einem Individuum zuzumuten sei und welche körperliche Geste Verlässlichkeit suggeriere.

Intuition ist somit ein Schlüsselbegriff für eine neue Episteme der Mensch-Maschinen-Beziehung, in der die Absenz und Präsenz von Individuen graduell zu bestimmen ist.

1. Dame und Gott

In seinem Spätwerk *God and Golem Inc.* verknüpft Norbert Wiener nicht nur die von ihm begründete Kybernetik mit den großen Fragen nach der Schöpfung und Reproduktion des Lebens (Wiener 1963, 3). Im zweiten Kapitel dieses Versuches eines Brückenschlags zwischen Religion und Wissenschaft geht Wiener der Frage lernfähiger Maschinen nach. 1963 reduzieren sich solche Maschinen noch auf das Dame- und Schachspiel – und hier setzt Wieners Problem mit dem Schöpfer ein. Denn Maschinen seien, gemäß der Automatentheorie John von Neumanns, in der Lage, nach vorgefertigten Regeln und nach einem finalen, anzu-strebenden Endzustand zu spielen. Das Spiel sei allerdings mit dem Endzustand erreicht, der Gott bliebe allmächtig, weil er außerhalb des Spielgeschehens sei und allein die Bedingungen des Spiels bestimme. Für Wiener wird die Frage aber erst interessant, wenn der Schöpfer und seine Geschöpfe gegeneinander spielen, jeweils mit einem eigenen Gedächtnis ausgestattet, so dass nach mehreren Durchgängen nicht nur wie bei von Neumann Zielfunktionen verfolgt, sondern auch gemachte Spielzüge analysiert werden, um Präferenzwerte für die gegebene Situation neu zu verteilen (ebd., 21). Im Angesicht einer solchen Maschine, die – salopp formuliert – kein Programm abspult, sondern sich immer wieder rekursiv einstellt, muss der Mensch früher oder später seinem Golem gegenübertreten:

> In playing against such a machine, which absorbs parts of its playing personality from its opponent, this playing personality will not be absolutely rigid. The opponent may find that stratagems which have worked

in the past, will fail to work in the future. The machine
develops an uncanny canniness. (Ebd., 21)

Laut Wiener könne man nun einwerfen, dass Maschinen die
Erzeugnisse ihrer Programmierer seien. Dann müsse der
„Schöpfer" aber immer als Sieger aus der Partie gehen – was
Wiener zu Folge nicht mehr so sei (ebd., 22). Die Maschine
hat ihren eigenen Weg gefunden, das Spiel zu gewinnen,
nicht zuletzt auch, weil sie gelernt hat, die Züge des
Menschen zu „lesen" und auszuwerten.

Norbert Wieners Plädoyer für eine Selbstständigkeit der
Maschine sowie ihre drohende „uncanny canniness" spielt
heute eine zentrale Rolle in der Robotik.[1] Im Folgenden soll
es aber nicht primär um das *Machine Learning* und auch
nicht um eine dem Turing-Test angelehnte Ausspielung
von Mensch und Maschine gehen, sondern eben um
jene Dualität, die Wiener zwischen den programmierten
Regeln und den möglichen Ausführungen, zwischen dem
impliziten Wissen und den expliziten Formalisierungen,
sich einer Zielfunktion zu nähern, ausmacht. Zentral für das
Verständnis dieser Dualität in der Robotik ist der Begriff
der Intuition. Die Intuition – als ein Kernbegriff des 20.
Jahrhunderts – geht dabei mit der Externalisierung eines
subjektiven und vermeintlich selbstverständlichen Wissens
in fragile Operationsketten einher. Letztere setzen sich
aus Bewegungssimulationen, Körperroutinen und Indus-
trienormen zusammen.

---

1   Norbert Wieners Ideen zu intelligenten Maschinen waren nicht die
    einzigen zu dieser Zeit. Allen voran der anwendungsorientierte
    Behaviorismus Herbert A. Simons ist hier zu nennen sowie
    seine Arbeiten mit dem Informatiker Allen Newell bei der RAND
    Corporation. Simon und Newell ging es vor allem um das Ent-
    scheidungsverhalten in spieltheoretisch vorhersagbaren Situationen.
    Folglich sahen beide das Problemlösungsverhalten rationaler
    Agenten als geeignete Vorlage für eine Programmierbarkeit des
    menschlichen Denkens (vgl. Newell/Simon 1961). Zum Unheimlichen
    vgl. auch die Beiträge von Stefan Rieger und Michael Andreas in
    diesem Band.

Eine Verbindung des Intuitiven mit der Robotik scheint erklärungsbedürftig. Dies ändert sich auch nicht durch das häufig versprochene Einhergehen des Intuitiven mit einer mühelosen Mensch-Maschinen-Interaktion. Bereits seit dem ersten automatischen Greifarmroboter zur Einsortierung von Glühbirnen in Holzkästen, der 1961 in der Firma General Electrics installiert wurde, treten eher Diskurse um eine drohende Ersetzung des Menschen durch die Maschine in den Vordergrund (Staff 2010). Heute überschlagen sich die Titelthemen und Feuilletonseiten mit Berichten über eine abermalige „Welle der Robotorisierung" (F. Rieger 2016). Aber im Gegensatz zu Wieners Beispiel, in dem die Modelle entsprechend der geopolitischen Blockkonstellation und einer Begeisterung für die Game Theory auf ein Man-to-Man-Duell ausgelegt waren, werden heute Mensch-Roboter-Kollaborationen verhandelt, in denen die neuen „Partner" nicht mehr durch einen Sicherheitszaun getrennt sind (Haddadin et. al 2009). Stattdessen soll der Roboter um den Kopf des Arbeiters schwingen, neben ihm herfahren und nicht zuletzt in direkten Körperkontakt mit ihm treten.

Dies impliziert keine Fragen nach einer Technikakzeptanz mit ihrer jeweiligen Risikoabschätzung. Vielmehr lässt sich aufzeigen, wie die Intuition als Kommunikationsbegriff zwischen den maschinellen und menschlichen Systemen fungiert. Hierzu werden auf den folgenden Seiten zwei Thesen erarbeitet: Erstens wird die Intuition nicht als marketingadäquates, technikeuphorisches Konstrukt verstanden, das eine reibungslose Interaktion zwischen dem Arbeiter und seinem Kollaborateur verspricht. Stattdessen kann man von der Intuition als einer praktisch orientierten Metapher sprechen. Solche Metapherfunktionen hat die Wissenschaftsgeschichte im Zuge der Technisierungen des Körpers aufgezeigt (Orland 2005, 17). Damit erfährt die Intuition einen zentralen Ort in den Diskursen um Mensch-Roboter-Kollaborationen, in dem sie sowohl Orientierungen anbietet als auch Erwartungshaltungen stiftet. Zweitens tritt der Begriff des Intuitiven als Paradoxon einer vermittelten Unmittelbarkeit auf. Gerade hierin entwickelt

er seine medientheoretische Bedeutung.[2] Spätestens seit
der Moderne unterliegt das Intuitive einem Exodus aus
dem Denkakt des Subjekts in die Handhabung einer tech-
nisierten Lebenswelt. Die Szenarien der Mensch-Roboter-
Kollaborationen schließen hier an. Denn sie modellieren
arbeitstechnische Bewegungsabläufe, in denen das Ideal
störungsfreier Interaktion mit der Auflösung der Individualität, mit dem Rückzug der Autorschaft in eine *Selbst-*
verborgenheit einhergeht. Anstelle einer Mechanisierung
oder Determinierung des Menschen wird im letzten
Teil am Begriff einer *Bipersonalität* aufgezeigt, dass die
heutigen Kollaborationsszenarien einen neuen Interface-
begriff umsetzen. Dieser liegt nicht mehr an der zentralen
Schaltungskonsole, sondern an den nuancenreichen Über-
gängen eines Führens und Geführt-Werdens, die wiederum
die Formalisierung eines impliziten Wissens voraussetzen.[3]

2. Das Aufkommen der Kollaboration in der Robotik

Bevor näher auf das semantische Feld der Intuition eingegangen wird, soll kurz erläutert werden, woher in den
letzten Jahren die immense Diskussion um Mensch-Roboter-
Kollaborationen rührt. Auf den ersten Blick spielt sich diese
Technikentwicklung entlang der amerikanischen Westküste
ab und versammelt große Software-Unternehmen wie
Google, Facebook und Amazon als Schrittmacher neuer
Implementierungen von Maschinensystemen. So wurde
der Roboterhersteller Kiva Systems 2012 von Amazon für
775 Millionen Dollar gekauft. Ziel war es, eine schnellere
und preiswertere Logistikstruktur zu schaffen, in der die

2   Zur Relevanz der Figur einer vermittelten Unmittelbarkeit für den
     Medienbegriff siehe z. B. Sprenger 2016, ferner aus medienanthro-
     pologischer Sicht Rieger 2001, sowie mit Blick auf eine Begriffs-
     genealogie der Moderne Wilke 2010.
3   Für eine grundlegende Ausarbeitung der Dimensionen eines mensch-
     lichen impliziten Wissens, das vor allem mit dem Bewusstwerden
     somatischer Prozesse, wie sie auch hier erörtert werden, einhergeht,
     vgl. Polanyi 2016, 22–24 und 41–52.

164   Mitarbeiter_innen nicht mehr die zahlreichen Wege durch
die Lagerhallen machen müssten, um die entsprechende
Ware an ihren Arbeitsplatz zu holen.[4] Dennoch bleibt das
Hauptanliegen für die Ingenieur_innen immer noch der
Industrieroboter. Sein Einsatzfeld soll nicht mehr eine lange
Transferstraße sein, sondern kleine, leichte und flexible
Teams, so dass er sich durch die Fertigungshalle bewegt
und Arbeitnehmer_innen in ergonomisch ungünstigen
Positionen oder seriellen Arbeiten behilflich sein kann. Die
zugrundeliegende Idee eines kollaborativen Verhaltens
taucht in der Robotik erst mit dem Zusammentreffen einer
körperzentrierten Robotik und einer erneuerten Vorstellung der Künstlichen Intelligenz auf. Mit der Wende von
den 1980er- zu den 1990er-Jahren löst die Konzeption der
verkörperten, durch direkte Interaktion mit ihrer Umwelt
lernenden Robotiksysteme die sprachzentrierten AI-Ansätze
als kognitives Modell der Robotik ab (vgl. Brooks 1990,
Bourgine/Varela 1991). 1989 baut Rodney Brooks, einer der
Pioniere der *Embodied Robotics* seinen Genghis-Roboter,
der mit sechs Füßen, 18 Sensoren und zwölf Motoren
versehen ist und sich autonom über kurze Zeit in seiner
Umwelt fortbewegen kann (Brooks ebd.). Genghis macht
mit seinen Beinen alles andere als den Anschein intuitiver
Bewegungen, jedoch setzen die neuronalen Netzwerke,
mit denen die sensorischen Wahrnehmungen als Input-
Signale verarbeitet werden, genau das Prinzip lernfähiger
Maschinen um, die Wiener der göttlichen Schöpfung
gegenüberstellte. Die Entscheidung, welcher Fuß wann
gehoben werden muss, um über ein Hindernis zu gehen,
erfolgt nicht mehr über eine Repräsentation der Welt in
Meta- und Subklassen, die man sukzessiv abarbeiten kann,
bis die Entscheidung berechnet worden ist. Entgegen dieser
kognitionszentrierten und computerbasierten Methode
der Künstlichen Intelligenz betont das Embodiment die

---

4   Amazon begründete dies als arbeitnehmerfreundliche Entscheidung,
da der „Operator" nun stehend die Ware auf die jeweiligen Regale
legen kann. Das gesamte Warenregal wird dann von dem bis zum
Knöchel reichenden Bot weggefahren (vgl. Rusli 2012).

basale Fähigkeit von Lebewesen: *Lokomotion* (Brooks ebd.; Pfeifer/Bongard 2007, 35). So wandelt sich ein gesamtes Untersuchungsfeld, in dem nicht mehr Strategien auf dem Schach- und Damebrett im Fokus stehen, sondern das partielle und akkumulierende Funktionieren in unbekannten Umwelten, die erst durch allmähliche rekursive Schleifen in die neuronalen Netzwerke den Umriss einer bekannten Umgebung entstehen lassen (Pfeifer/Bongard ebd.).

Bis dieser epistemologische Wandel innerhalb der Robotik den Bereich sozialer Interaktion erreicht, vergehen abermals fast zehn Jahre.[5] In dieser Zeit rufen Kognitionswissenschaftler und Artificial-Intelligence-Forscher im Anschluss an den Erfolg der Neuronalen Netzwerkmodelle und der daraus in der Psychologie entstehenden Theorie des Konnektivismus den Begriff der Kollaboration auf den Plan. 1994 wird die Kollaboration zum zentralen Thema der Jahrestagung der *Artificial Intelligence Society* (Grosz 1996). Die damalige Präsidentin der AI-Gemeinschaft, Barbara Grosz, setzt den Begriff sowohl für die Hardwarekonstruktion als auch für das noch junge Stadium vernetzter Computer im World Wide Web auf die Agenda der AI-Forschung. Das Lernen der Agenten könne sich von nun an nicht mehr auf das Kopieren von Bewegungen der Konstrukteur_in beschränken, es müsse, so Grosz, unmittelbar das immer partielle und situative Modell der Umgebung mit der Handlungsintention des Selbst und jener der Anderen verknüpft werden – und zwar so, dass die einzelnen Intentionen der Agenten nicht zuwiderlaufen (ebd., 72). Demnach sei die Kollaboration von der Interaktion, dem Zusammenwirken zweier Agenten sowie der Kooperation, dem zeitlich begrenzten Zusammenarbeiten, zu trennen (ebd., 80). Letztere sicherten nicht die Verfolgung eines gemeinsamen Ziels über eine längere Zeit hinaus, was in der Praxis die Frage aufwirft, wann ein System den Prozess

5   Ein konkreter Beginn für die Modelle sozialer Roboter ist schwer genau zu datieren. Die ersten Umsetzungen von Modellen in interaktionsfähige Roboter finden um 2002 statt (vgl. Pfeifer/Bongard 2002, 172).

der Kollaboration stoppt und wann es von selbst wieder in seine Zielverfolgung einsteigt. Daraus folgt für die Konstruktion von kollaborativen Robotern vor allem eine Frage: Wie viel Wissen wird selbst in das System implementiert und welches Wissen wird im Raum zwischen dem Mensch und der Maschine ausgehandelt? Projiziert man dies auf konkrete Arbeitssituationen, stellt sich die Frage, wie sicher man in einer Arbeitszelle mit einem Greifarm sein kann, der um den Kopf umherschwirrt? Wie vermittelt man einer Arbeitnehmer_in das Gefühl, ihre Bewegungen ausführen zu können, während parallel der Robotergreifarm weiter operiert? Solche Probleme ziehen nicht nur Modellierungen einer gemeinsamen Intention wie in der AI-Community in Betracht. Sie drängen in der Praxis gerade auf jenen eingangs erwähnten sozialen Arbeitsraum der Kollaboration von menschlichen und nicht-menschlichen Akteuren. Vor dem Hintergrund einer zaunlosen Interaktion wird die Intuition damit zu einem Scharnierbegriff, mittels dessen an menschliche Erfahrungen angeknüpft und zugleich Erwartungshaltungen produziert werden können. Bevor zwei Szenarien des Intuitiven näher betrachtet werden und dabei auch auf ihre spezifische Materialität eingegangen wird, soll ideenhistorisch nachgezeichnet werden, warum das Intuitive diese Ausnahmestellung erfährt.[6]

3. Exkurs: Die Intuition zwischen dem Phänomenologen und der *techne*

Was intuitiv wirken soll, verweist damit operationell auf eine medienwissenschaftliche Figur, die man auch mit dem Paradoxon der unmittelbaren Vermittlung bezeichnen kann.

---

6   In beiden Fällen erstreckt sich dadurch der Arbeitsraum als jene Distanz zwischen dem Subjekt und seinem Objekt, in dem sich die eindeutige Autorschaft von Handlungen nicht mehr zuschreiben lässt, sondern nur noch Kraftverhältnisse artikuliert und übersetzt werden. Mit Latour lässt sich hierbei symptomatisch von der Intuition als fragilen Ort der „Interobjectivity" sprechen (Latour 1996, 237). Auf diesen Punkt wird im letzten Abschnitt mit dem Konzept der *Bipersonalität* näher eingegangen werden.

Gerade in dieser Lesart schließt sich der Begriff der Intuition an die Idee eines Mediums des mühelosen, vermeintlich natürlichen Vollzuges an, das symptomatisch für das 20. Jahrhundert steht. Seien es Varianten an Eingebung durch besondere Talente, das Einfühlen in Situationen, die Bauchentscheidung oder der physiologisch nicht nachweisbare, aber doch wirkende sechste Sinn – die Intuition verkörpert eine der zentralen Gegenfolien zu einer logisch-empirischen Wissenschaftskultur sowie zur Marktrationalität eines *homo oeconomicus*.[7] Eine ursprüngliche Besonderheit des Intuitiven ist es unmittelbar, aber nie methoden- und damit verfahrensfrei zu sein. Was im Nachhinein wie durch eine Eingebung a priori lösbar erscheint, macht sich einer Mühelosigkeit verdächtig, die zum diskursiven Spielball darüber wird, was denn nun das Mediale als vermittelndes Unvermitteltes sein soll. So lässt sich dieser Befund bereits für die Scholastik festhalten, in der zwischen einem nicht-diskursiven Wissen, zu dem man durch den Akt des Denkens Zugang hat und einem diskursiven Wissen, das erst in logisch widerspruchsfreien Ableitungen hergestellt werden muss, unterschied (Hintikka 2003, 171). Während dort der Begriff der Intuition noch nicht auftaucht, so hat diese Dualität des impliziten und explizit zu machenden Verfahrens zur Wissensproduktion tiefgreifende Folgen für die Erkenntnistheorie. Schließlich ist es Descartes systematisches Zweifeln an der Sinneswelt und der an ihr hängenden Behauptung einer Empirie, die den Rückzug in eine Res Cogitans bewirkt. Erst durch das Fundament einer denkenden Substanz in der Innenschau des Bewusstseins, die überhaupt den Zweifel am Bestehenden in die Welt setzen kann, wird die Basis allen Wissens geliefert. Damit ist es der Denk- und nicht der Sinnesakt, der das Wissen in und über die Welt setzt. Zwischen den logischen Strukturen

---

7   Die Betonung der Intuition als Medium wird, wenn es um alternative und dem *homo oeconomicus* fremde Entscheidungstechniken geht, besonders betont, wie z. B.: „Intuition als effektive Ressource moderner Organisationen" (Holtfort 2013) oder „Wie der Bauch dem Kopf beim Denken hilft: die Kraft der Intuition" (Kast 2007).

des Denkens und der sukzessiven Wahrnehmungen setzt zu Beginn des 20. Jahrhunderts Husserls Lesart des Intuitiven ein. In seinen Cartesianischen Meditationen wird das Cogito selbst zum Untersuchungsgegenstand, bevor es das Ergebnis diskursiver Schlussfolgerungen sein kann. Descartes Fehler wäre es demnach gewesen, gerade das Cogito als Fundament des evidenten Wissens zu setzen und somit den Zugang zu einer Innenschau, zu einer Intuition für die Philosophie zu verstellen:

> Leider so geht es bei Descartes mit der unscheinbaren, aber verhängnisvollen Wendung, die das ego zur substantia cogitans, zum abgetrennten menschlichen animus macht, zum Ausgangsglied für Schlüsse nach dem Kausalprinzip, kurzum der Wendung, durch die er zum Vater des widersinnigen transzendentalen Realismus geworden ist. All das bleibt uns fern, wenn wir dem Radikalismus der Selbstbesinnung und somit dem Prinzip reiner Intuition getreu bleiben, also nichts gelten lassen, als was wir auf dem uns durch die Epoche eröffneten Feld des ego cogito wirklich und zunächst ganz unmittelbar gegeben haben, also nichts zur Aussage bringen, was wir nicht selbst sehen. (Husserl 1973, 9)

Husserl holt mit seiner Verwendung des Intuition-Begriffes nicht nur die Notwendigkeit einer subjektunabhängigen Außenwelt hinzu. Das Sehen oder Schauen des Objekts ist primär ein Erlebnis und nicht eine empirische Erfahrung. Gerade diese Immanenz, die allein durch den Wahrnehmungsakt gegeben ist, verlangt nach dem selbstreflexiven Akt einer „reinen Intuition", durch den das Seiende des Objekts vom Nicht-Seienden geschieden wird. Die Kernfrage nach dem Ausgang der Selbstreflexion macht zudem deutlich, wie notwendig das Intuitive als Verfahren ist, um das nicht-explizite Wissen explizit zu machen, ohne dass die Wahrnehmung der Welt selbst eine „verhängnisvolle Wendung" erfährt, in der die Außenwelt ein Konstrukt des Selbst wird. Intuition ist sowohl Genese unmittelbaren Wissens als auch Geltungsbedingung von Wissen. Sie eröffnet für Husserl somit auch jene „Sanktion der Selbstverständlichkeit"[8], die er als Prinzip gegen die Verwissenschaftlichung der Lebenswelt und als primäre Aufgabe der Philosophie ausgibt (Blumenberg 2015, 181).

Es ist stets das Einhergehen einer Methodik der reinen Anschauung in das Unmittelbare[9] – als dem noch Nicht-Diskursiven –, das eine Plattform bietet, auf der dann überhaupt anschreibbar, formulierbar und letztendlich unterscheidbar wird, was sich als das Wesentliche – oder weniger metaphysisch – als das Unhintergehbare offenbart. Dabei gehört es zur Entfaltung des Paradoxes einer unmittelbaren Mittelbarkeit selbst, das es für alles Unmittelbare erst eine spezifische Methode, man könnte hier auch von einer *téchne* sprechen, gibt, durch die hindurch das Prozedere des Intuitiven erst ermittelbar würde. Daher Husserls Plädoyer für die reine Sinnesschau, die jeder Aussagbarkeit über die Objektwelt vorangeht, um sowohl Endpunkt einer Reflexion als auch Ursprung jeder Dinggenese selbst zu werden. Solche analytischen Reflexionstiefen sind jedoch nicht erst seit Zeiten der kollaborativen Robotik verbaut.[10] Aber mit den technischen Interaktionen tritt die

8   Der Terminus selbst kommt von Hans Blumenberg. Eine „Sanktion der Selbstverständlichkeit" zu betreiben meint gerade jene „Umstellungen" aufzuspüren, die die Lebenswelt hinter sich gelassen haben und selbst eine Faktizität der „vorgegebenen Wirklichkeit" zu setzen. Zentral hierfür ist die bereits in der Antike einsetzende Theoretisierung der Welt, später u. a. auch die mathematische Theoretisierung der Welt als Grundlage der modernen Naturwissenschaften (vgl. Blumenberg 2015, 181f.).

9   Bereits Kant verwendet die Begriffe der Anschauung und der Intuition synonym. In dieser Verwendung ist die Intuition kein Potential denkender Substanzen mehr, sondern bereits ein sinngestaltendes Medium. Dies drückt sich bei Kant sowohl in den mathematischen Grundsätzen aus, wie in den apriorischen Anschauungen von Raum und Zeit. Der Begriff der *Dinge an sich* ist dem Verstand z. B. intuitiv als Grenze des Sinnlichen gegeben, er muss von den Erscheinungen nicht *diskursiv* getrennt werden (vgl. Kant 1998, 370; Hintikka 2003, 172).

10   Blumenberg weist in seinem Text „Die Technisierung der Lebenswelt unter Aspekten der Phänomenologie" auf die Antinomie hin,

Intuition aus dem subjektiven Bereich in den Zwischenraum
– und damit in ein neues Interface – das sich zwischen einem
technischen Agenten und seinem Kollaborateur auftut.
Intuition wird damit als Begriff zu einem Stiftungsinstru-
ment von Erwartungen. Auf der anderen Seite kann intuitiv
nicht mehr „hinter" die Dinge gegangen werden. Stattdessen
gilt es das Vertrauen in störungsfreie, non-verbale Kom-
munikationen herzustellen, das durch Simulationsmodelle
selbst wieder technisch mobilisiert werden muss.

4. Intuition formalisieren – Bewegungsmodellierung in zaunlosen Mensch-Roboter-Kollaborationen

Ein Wissensfeld, das für die Methode einer „Sanktion der
Selbstverständlichkeit" früh aus der bloßen Reflexion in
seine technische Formalisierung übergeht, ist die menschliche Bewegung. Die Idee, Bewegungsverläufe zu speichern
und sie reproduzierbar zu machen, gehört nicht nur zu
den technischen Vorläufern des Kino – es ist auch die
Grundlage einer jeden Diskretisierung der Kontinuität
von Bewegungen. Die Bewegungen von Industriemit-
arbeiter_innen sind besonders von Frederik W. Taylor und
dem Ehepaar Frank B. und Lillian E. Gilbreth in den 1920er
Jahren gefilmt, analysiert und für die jeweiligen Arbeitspro-
zesse standarisiert worden (Gilbreth 1921, vgl. Hoof 2015).[11]
Obgleich Roboter in diesen Praktiken einer Betriebsführung

der das andauernde Suchen nach dem grundlegenden Schauen in
Zeiten technisierter Prozesse zugrunde liegt. Denn während die
Wissenschaft ständig neue Methoden – also Erkenntnisweisen – pro-
duziere, will sich die Phänomenologie gar nicht auf einen neuen Weg
aufmachen und verharre auf einem fiktiven Startpunkt der *Epoché*,
dem systematischen Ausschalten aller zufälligen Wahrnehmungen
der Außenwelt (vgl. Blumenberg 2015, 198). Die Methode als Weg
zur Erkenntnis wird unter diesen Bedingungen zu einem rasenden
Stillstand.

11 Zum Vergleich des thermodynamischen Energiebegriffs mit dem
informationstheoretischen des Spiels als zweier verschiedener
Arbeitsparadigmen des 20. Jahrhunderts siehe Pias 2002.

keine Rolle spielten, treten mit der Antizipation von
Bewegungen und dem Timing zwischen Mensch und
Maschine jene Faktoren über das Medium Film in den
Vordergrund, die auch für heutige Kollaborationsmodelle
entscheidend sind. Am Fließband, an dem sich Latenzen,
Verzögerungen oder falsche Objektpositionierungen schnell
zu einem Störfall entwickeln, sollten Einsatz- und Abschluss-
bewegungen einer produktionsrelevanten Arbeitsein-
heit möglichst frei von Varianzen sein. In den modernen
Transferstraßen werden solche Bewegungsabläufe von
digitalen Computern verarbeitet, deren *Numerical Control*
die betriebseigene EDV darstellt, mit der die Roboter pro-
grammiert werden (Coy 1989, 67). Der Mensch tritt an einem
separaten Ort in Erscheinung, jenseits des Bewegungs-
radius des Roboters. Sollte er sich Letzterem nähern, stoppt
der Roboter automatisch und er muss ihn wieder über die
zentrale Steuerungskonsole *re-setten*, wie es im Fachjargon
heißt.

Vor diesem Hintergrund betonen sowohl die Hersteller
als auch die ingenieurwissenschaftliche Forschungs-
gemeinschaft die Vorteile für eine störungsfreiere Pro-
duktion, wenn der Mensch seinem technischen Compagnon
direkt gegenübertreten kann. Aber abseits solcher ökonomischen Versprechungen stellt sich die Frage, wie man
die Bewegungen von Menschen und Maschinen jenseits
eines zentralen Interfaces koordinieren und designen
kann? Welche Selbstverständlichkeiten müssen hierzu
de- und rekonstruiert werden? Zunächst wechselt der
Aushandlungsort des Intuitiven hier vom *ego cogito* in die
Operationsketten von Modellierungs- und Simulations-
praktiken.[12] Entgegen einer Substitution des Menschen
durch seinen Maschinenpark, gilt es eine Verschiebung

---

12   Wenn von Modellierungspraktiken die Rede ist, so ist damit die
      Anwendung biomechanischer Gesetzmäßigkeiten auf formalisierte
      Bewegungen und konkret ausgeübte Bewegungen gemeint.
      Simulationspraktiken beziehen sich sowohl auf computersimulierte
      Bewegungssequenzen als auch auf Hardware-Simulationen, wie z. B.
      die Simulation eines Kniegelenks beim Widerstandstest.

anthropologischer Fragen in die robotischen Systeme nachzuzeichnen. Zwei Beispiele sollen diesen Vorgang veranschaulichen, um schließlich die Rolle der Intuition zu bestimmen: eines aus der Bewegungsmodellierung und eines aus einer haptischen Interaktion.

Eine Kenntnis des Roboters darüber, welche Bewegungs-abläufe ein menschlicher Mitarbeiter ausführt und welche nicht, ob gerade ein Paket an einem Ort liegt oder ob ein Mensch auf dieses Paket zugreift, ist aus mehreren Gründen zentral: Neben der produktionsorientieren Störungsfreiheit sollen Sicherheitsvorschriften umgesetzt werden – und zwar jenseits einer klassisch-maschinellen On-Off-Logik.

Robotiksysteme haben somit nicht mehr nur mecha-nische Fähigkeiten, sondern verfügen zusätzlich über Informationen bzgl. statischer und dynamischer Umwelt-aspekte. Dies ermöglicht ihnen, ihr Verhalten während des Produktionsprozesses entsprechend anzupassen, d. h. bei einer zu gefährlichen Annäherung des Menschen in einen Zustand niedrigerer Produktivfunktion überzugehen (z. B. Verzögerung, Aktivieren der eigenen Geschwindigkeit der Not-Aus-Funktion) oder die Planung der Trajektorie neu zu planen, um für eine ausreichende Distanz zum Menschen zu sorgen. (Bortot et al. 2010, 65)

Der stochastischen Modellierung solcher Näherungstech-niken geht die Simulation einer Körperbewegung voraus. Dabei wird ein biomechanisches Skelett aus geometrischen Formen wie Zylindern (Arme, Beine) und Ellipsen (Kopf) als Rohkörper verwendet (auch Stick-Man-Modell genannt). Auf dieses Modell werden jene Daten übertragen, die der Körper während einer Bewegung produziert, in dem er an diversen Gelenken und Körperpartien mit Markern versehen wird. Es können für diese Form des Trackings verschiedene Medienformate eingesetzt werden. Häufig kommen für solche Zwecke optoelektronische Systeme zur Anwendung, in denen eine Infrarot-Kamera aktive wie auch passive Marker detektiert und verfolgt (Bortot et al. 2010,

69).[13] Die Ziele solcher Tracking-Verfahren lassen sich in den folgenden drei Punkten zusammenfassen:

- Hierarchisierung der Bewegungen
- Segmentierung des Körpers (allen voran wichtig für Hand- und Fingergestiken)
- und Dynamisierung der Bewegung.

Ausgehend von der Beobachtung, dass Menschen in funktionalen Räumen wie dem Arbeitsplatz wenig willkürliche Bewegungen vollziehen, werden Bewegungssequenzen generiert, in denen man einzelne Bewegungen mit Wahrscheinlichkeiten versieht. Wichtig sind einzelne Bewegungen, weil es hier um die Ermittlung von Übergangswahrscheinlichkeiten geht (von einer Körperhaltung in t_1 zu einer in t_2), mit denen die Antizipation von Folgezuständen modelliert werden kann. Als Prinzip liegen dem Markov-Ketten zugrunde und damit Verfahren, die einem Ereignis einen stochastischen Wert primär aufgrund des Folgeereignisses zuordnen. Das Problem hierbei ist aber die generelle Unvollständigkeit von Bewegungsdaten, was sowohl im Phänomen der Bewegung selbst, aber auch in der Technik wie z. B. in Störfunktionen von Sensoren oder Kameras liegt. Markov-Modelle werden daher u. a. auch als „hidden" konzipiert, da in den Bewegungsfolgen nicht beobachtbare Zustände des Systems – in diesem Falle des Arbeiterkörpers – integriert sind, die man nur indirekt, also über die Stochastik einer Folgebewegung, bestimmen könnte. Die hieraus resultierenden Trajektionshierarchien, nach denen bestimmte Räume vom Menschen wahrscheinlicher betreten werden als andere, sollen für das robotische System durch ein algorithmisches Verfahren während der Kollaboration, d. h. on-line, aufrechtgehalten werden (Bortot et al. 69f).

---

13 Aktive Marker sind LEDs, die von der Kamera eingefangen werden, während passive von einer Reflektion der Markerkugel durch die Kamera ausgehen (ebd.). In den letzten Jahren machten Roboterkonstrukteure auch von Motion Capture-Techniken Gebrauch, wenn es um eine größere Erhebung von Bewegungsdaten geht (vgl. Field et al. 2011).

Die Roboterassistenten müssen, um planbare und damit
bis in das semantische Feld des Intuitiven hineinreichende
Bewegungen auszuführen, ein Training – heute würde man
vom *Machine Learning* sprechen – vollziehen, genau wie für
Norbert Wiener die Maschine über das Damespiel trainiert
werden sollte. Diese Hinwendung von einer Orientierung
der Problemlösung hin zu einem Problemverhalten wurde
im vorigen Abschnitt als maßgeblicher Beitrag der *Embodied
Robotik* und der neuronalen Netze benannt. Sie verweist
zugleich auf ein Weltverständnis, dass das Beispiel anstelle
der Regel präferiert und Intuition erst zu einem Gegenstand
körperlicher Kommunikation macht (Baecker 2002, 28).
Dabei muss im Modellieren von Körpern und ihren wahrscheinlichen Verlaufsstrukturen bereits die unvollständig
bleibende Informationslage über Körperstellungen des
Arbeiters implementiert werden.

Vor dem Hintergrund der zaunlosen Interaktion ist es daher
gerade der komplexe Modellierungs- und Simulationsauf-
wand, der so etwas wie die unaufdringliche Präsenz des
Technischen gewährleisten soll. Hinter stochastischen
Modellen wie den versteckten Markov-Ketten und der
korrekten Anbringung von Markern, um das Datengerüst
eines erkennbaren Körpers zu erhalten, steckt die anthropologische Codierung einer Unaufdringlichkeit, eines
weichen Überganges vom nicht-präsenten hinüber zum
aktiven Körper in die Tätigkeit. Dem Roboterkörper wird
geradezu durch sogenannte *Light-Curtains* ein Empfangshof
geschaffen, in dem je nach Annäherung die Geschwindigkeit der Bewegungen gedrosselt und der Abstand zum
Körper erhöht wird (Kerezovic et al. 2013, 114). Das Gefühl
von „nutzerfreundliche[n], intuitive[n] Kommunikations-
modalitäten" gehört damit zu diesem Diskurs um Mensch-
Roboter-Kollaborationen, in dem ein stochastisches
Verhaltensmodell den Roboter dahin versetzen soll, die
Intention des „Partners" zu „verstehen" und eine zurück-
haltende Hilfsbereitschaft zu liefern (Groten 2011, 3). Die
Bewegungen des Menschen und des Roboters sind hierbei
keine rein funktionalen Einheiten. Wo das technische

Innenleben für Mitarbeiter_innen zwangsläufig verbaut bleibt, müssen sie sich ebenso der algorithmischen
Dynamisierung anvertrauen wie sich einst Philosophen
am Telefonapparat einem Abstand von Signal und Rausch
anvertrauten, um schließlich am anderen Ende Worte und
damit die „Selbstaffektion von Bewußtsein selber" zu ver-
nehmen (Kittler 1993, 169). Der simulierte Körper soll den
gestischen und kinästhetischen Erwartungen des Arbeiters
korrespondieren, zugleich schafft er aber auch einen neuen
hybriden Raum, der nicht zuletzt auf die Bewegungen des
Arbeiters selbst zurückwirkt. Dies soll das zweite Beispiel
verdeutlichen.

5. Elastizität und Sicherheit –
„Free the robots"

Seit Mitte der 2000er Jahre sind in der Robotik zunehmend
Artikel über Leichtbauroboter erschienen, die vor allem als
Greifarme konstruiert werden. Solche Varianten unterlaufen
das Nutzlast- und Eigengewichts-Verhältnis klassischer
Starrkörperroboter von 1:20 bis auf 1:2 (Albin-Schäffer 2002,
7). Einen ihrer ursprünglichen Entwicklungs- und Einsatzorte
haben solche Leichtbauroboter in der Luft- und Raumfahrt,
wo teleoperative Steuerungen von Robotern bei Außenbord-
einsätzen in Virtual-Reality-Umgebungen simuliert wurden
(Preusche/Hirzinger 2007, 277). Zentral ist in solchen Konstellationen eine Modellierung des Haptischen, um die sich
das Design der anderen Gelenke konzentriert. Mehr noch:
Im Falle der Leichtbauroboter wird das Konstruktions-
prinzip selbst umgestellt: Vom starren Roboter mit wenigen
Gelenken, die theoretisch in Differentialgleichungen
anschreibbar sind, soll es zu multiplen Gelenken, die
elastische Rückkoppelungsschleifen ausführen und neue
Greifvarianten ermöglichen, gehen (Albin-Schäffer 2002, 7).
2011 publiziert eine Forschergruppe des Deutschen Luft-
und Raumfahrtzentrums um den Ingenieur Sami Haddadin
einen Artikel mit dem programmatischen Titel „Towards the

robotic co-worker". Intuition bezeichnet hierbei eine Verhaltensart, die nach Regulierungstechniken verlangt:

> Interaction between robot and human is a delicate task, which needs multisensor information. Furthermore, robust as well as safe control schemes are called for to enable intuitive behavior. The main physical collaboration schemes are ‚joint manipulation' and ‚hand over receive'. (Haddadin et al. 2011, 267)

Das intuitive Verhalten, von dem hier die Rede ist, geht einher mit einem Kompromiss aus Antizipation und Passivität, der längst nicht mehr allein auf konstruktionstechnischer oder ingenieurwissenschaftlicher Ebene zu lokalisieren ist. Auch hier spielen die beiden Faktoren der Sensortechnologie und der Sicherheit direkt in die Robotik-Modelle hinein. Nur ist im Falle der „robotic co-worker" nicht mehr allein der Roboter das Problem. Vielmehr ist er es, der sich auf den Unsicherheitsfaktor Mensch einstellen muss, will er aus einem binären on/off-Schema austreten.

> If the robot would simply use binary switching information about the current state of the human, undesired oscillation behavior would occur due to the imprecise motions and decisions of the human. By using the human proximity to this border as a residual the robot always slows down and stops until the human clearly decides the next action. This way, the user receives intuitive visual feedback, indicating that the robot is aware of his presence and waits for further action. (Ebd., 269)

Solche Lesetechniken von Willensäußerungen, wie sie im Berufsethos einer Figur wie der des Dieners mitgegeben sind (vgl. Krajewski 2010), müssen in einer intuitiven Verhaltensart auch die Körpernähe zum Gegenstand der Soft- und Hardwaresimulationen erheben. Sei es das Abdämpfen der Bewegungen oder die sensorische Sensibilität für Körperflächen, die tolerierbaren Druckkräfte bei Körperkontakten oder der Abstandsradius bei der Entfaltung

von Greifbewegungen (sogenanntes *clamping*) – all dies
geht über das metrisch regulierte Feld der Arbeitsparzelle
hinaus.[14] Ins diskursive Feld des Intuitiven rücken ebenso
rechtliche Grenzfragen wie auch ästhetische Vorstellungen darüber, was eine weiche und was eine abrupte
Bewegung darstellt, damit der menschliche Co-Worker
von einer Intention des Roboters ausgehen kann und nicht
von einer Störung.[15] Hierzu bedienen sich die Forscher um
Sami Haddadin in einem weiteren Artikel bei den Crash-
Test-Simulationen, um eine Skalierung der Kollisions-
stärke und des Gefahrenpotentials für den Menschen
vorzunehmen. Das farbliche Schema der Test-Dummies
wird dabei analog für den Arbeiterkörper übernommen
(Haddadin et al. 2009, 1524). Die Schlussfolgerung aus
ihren Tests und Simulationen könnte man demnach mit
dem Slogan „Free the Robots" belegen, denn der Hand-
lungsraum des Roboters sei durch die EU-Norm ISO10218,
die die Integration von Robotern im Arbeitsprozess regelt,
gefährdet:

> ISO10218 was introduced to define new collaborative
> operation requirements for industrial robots. [...] Our
> results demonstrated that these requirements [der
> EU-Norm, D.K.] tend to be unnecessarily restrictive
> and overly undifferentiated, and therefore strongly
> limit the performance of the robot. We provide a better
> differentiated analysis in this paper, pointing out the

14 Seit 2006 spricht man von *Cyber Physical Systems*, in denen Roboter
oder andere „smart objects" neben dem Menschen gemeinsam das
physische Drittel einer Infrastruktur darstellen. Die anderen beiden
Drittel soll eine durch Netzwerkfaserkabel omnipräsente Verbindung
mit dem Internet sein sowie in den Boden verbaute Sensoren und
Aktoren, die wiederum mit Rechnereinheiten verbunden sind.

15 Französische Ingenieure am Centre Nationale de la Recherche
Scientifique simulieren das Tragen einer Metallplatte mit einem
Menschen und einem autonomen Roboter. Dabei werden Begriffe
wie *smooth* und *jerky* als Indikatoren für haptische Kommunikations-
prozesse zwischen dem technischen und dem menschlichen Agenten
genutzt. Die Autoren bezeichnen diese Integration haptischer
Sensibilität in ihren Modellen als „internal forces as a hypothetical
haptic cue for communication" (Evrard/Kheddar 2009, 45).

relevant factors, which should be evaluated to give fundamental insight. (Haddadin et al. 2009, 1509)

Was zuvor als Ausweitung der Roboteraktionen beschrieben wurde, markiert hier das Politikum einer Bewegungsfreiheit, die zwischen technischer Machbarkeit und anthropologischer Befindlichkeit hin und her gereicht wird. Dabei geht es nicht mehr allein um die Frage nach einer maximalen Auslastung solcher Mensch-Roboter-Kollaborationen, sondern vermehrt um das Verschwinden eines allseits bewussten, hybriden sozialen Raumes durch eine Vertrauenskonstruktion, die selbst wieder mit großem Aufwand technisch betrieben werden muss. Man kommt nicht umhin zu fragen, wer der beiden Co-Worker sich hier durch mehr technische Mobilisierung seines ontologischen Status versichern will?

Im Falle von Robotern, die z. B. bei Hebe- und Tragelasten mit dem menschlichen Partner kollaborieren sollen, spielen Modelle zur Kontrolle des haptischen Widerstandes eine zentrale Rolle. Soll der autonome Roboter z. B. eine Intention des Partners, wie z. B. einen Ruck nach links „lesen", müssen die haptischen „Eingaben" als mechanische Kräfte erkannt und mittels einer Nachgiebigkeitsregelung (*Impedance Control*) aufgenommen werden. Die Betonung des Co-Workers erstreckt sich auch hier nicht nur auf eine technoeuphorische Beschreibung. Sie verweist auf die Transition einer haptischen Kommunikationsform durch mechanische Regelungssysteme, deren Grundlage nichts Geringeres als die Aufhebung einer singulären Aktionsquelle ist. Wo der Mensch zum Partner wird, greift die bi-direktionale Steuerung von Bewegungen in das soziale Geflecht der Arbeit:

> In impedance control, the target system is not a pure position source, but a position source with a target dynamic response to motion errors. The difference with pure motion control is that the primary goal is *not* to reject all disturbances and track a desired motion. The primary goal is the dynamics of the response to the

motion errors. Command following comes after, and   **179**
will be ensured when no disturbance occurs. One of the
effects is that the mechanical power flow between the
manipulator and the environment is somehow con-
trolled, which is an important criterion to avoid physical
damage of the manipulator or the manipulated object.
(Evrard 2013, 11)

Sei es die weiche Bewegungssuggestion eines Roboter-
armes oder das explizite Korrigieren des robotischen
Co-Workers, in beiden Fällen nehmen diese technischen
Abwandlungen ein Szenario des Intuitiven in den Blick, das
bis in die Empfehlung ergonomischer Körperstellungen
und logistisch optimaler Stellplätze reichen soll (Evrard/
Kheddar 2009, Haddadin 2009). Mit dem Diskurs um eine
Aufhebung der klassischen Leader-and-Follower-Struktur,
wie sie in den meisten Modellen und Artikeln der Kol-
laborations-Ingenieure angeführt wird, rücken kinematische
Fragestellungen in soziale Praktiken des Kollaborierens und
nicht zuletzt bis in das Feld europäischer Normierungsvor-
schriften. Solche Dynamiken sind nicht zu entkoppeln von
einem wirtschaftlichen Profit- und einem wissenschaftlichen
Innovationsbestreben, das hier Hand in Hand geht. Es zeigt
aber auch, dass Begriffe wie die Intuition als Bindeglied
zwischen den unterschiedlichen Diskursen herhalten. Ganz
im Gestus des Unmittelbaren, verkürzen Vorstellungen einer
haptischen Intuition die kommunikative Distanz zwischen
Regelungstechniken, Sicherheitsaufforderungen und einem
anthropozentrisch gefärbten Mensch-Technik-Verständnis.

Damit gelangt ein suggestives und implizites Wissen in den
Modellierungsbereich, das an anthropologische Fragen
eines Verhaltens zu und mit der Technik anknüpft. Eine
Technik im weitesten Sinne, die das Intuitive als „Sanktion
des Selbstverständlichen" zum Gegenstand ihrer Kon-
struierbarkeit macht. Leben und arbeiten mit der Unmittelbarkeit von Black Boxes ist damit immer schon Mitpro-
duktion einer Technisierung des Selbstverhältnisses,
die hier nicht im Bereich der Phänomenologie, sondern

der Robotik liegt. Solche Effekte von Bewegungsana-
lysen finden aber einen Vorläufer in einem ganz anderen
wissenschaftlichen Feld – der anthropologischen Medizin.
In der humanistisch geprägten Medizin eines Viktor von
Weizsäckers und ihrer Vorstellung einer stetigen Wechsel-
wirkung von Wahrnehmung und Umwelteinfluss, von
Handeln und Empfinden, entsteht das Konzept der *Bipersonalität*. Ursprünglich darauf ausgerichtet, eine neue
Begegnungsform von Arzt und Patient zu entwickeln, soll es
hier dazu dienen, die bisher erarbeiteten materiellen und
praktischen Gesichtspunkte intuitiver Mensch-Roboter-
Interaktionen abschließend kulturtheoretisch zu rahmen.

6. *Bipersonalität* als dezentrierte Intuition

Das einstige Zentrum der Intuition, sei es das *ego cogito*,
sei es das transzendentale Subjekt oder das Ich mit dem
besonderen Bauchgefühl, hat eine Verschiebung erfahren.
Hinaus aus dem Bewusstsein oder dem Kognitiven in das
Feld eines situativen, körperlichen und fragilen Erfahrungs-
bereichs. Gut 55 Jahre bevor Rodney Brooks das Paradigma
einer regelorientierten Artificial Intelligence zugunsten der
Embodied Robotics verwirft, formuliert der Mediziner Viktor
von Weizsäcker mit seiner Idee eines Gestaltkreises sowohl
die Grenzen einer kausalmechanistischen Sinnesphysiologie
als auch einer absoluten Raumauffassung der Philosophie
(von Weizsäcker 1933, 650). Eine Bewegung in einem Raum
sei demnach stets in Relation zur Wahrnehmung ihrer
Umwelt zu setzen und umgekehrt. Dem reziproken Verhältnis von Bewegung und Wahrnehmung entsprechen
weniger Gesetzmäßigkeiten denn wandelnde „Bezugssysteme", die nicht weniger darstellen als die Gegenwart der
Erfahrung selbst (ebd., 631). Jede Einwirkung einer Kraft von
außen ist zunächst eine Störung als Außeneinwirkung auf
die Eigenwelt (ebd., 659). Gerade hier kommt für von Weizsäcker der Begriff der „Leistung" ins Spiel, jedoch weniger als

klassische Mittel-Zweck-Setzung, denn als Aushandlung **181**
einer Intention durch und trotz der Öffnung hin zur Umwelt.

Diesen Punkt einer situativen Öffnung als Bedingung der
Leistung wird Paul Christian, ein Mitarbeiter Viktor von
Weizsäckers und ebenso Mediziner, aufnehmen und damit
basale kollaborative Arbeiten wie das Zweihandsägen ana-
lysieren. Da Bewegung nur von außen zu beobachten sei, so
Christian, sei für eine Bewegungslehre allein das produktive
Eingreifen in die Umwelt Gegenstand einer Beobachtung
(Christian 1948, 15). Was sich als biologische Leistung
eines Kollaborateurs zeige, wäre demnach weniger seine
individuelle Intention denn ein „begrenztes Tun", in dem die
Gegenkräfte des Partners in den Handlungsablauf integriert
würden (Christian 1956, 354). An die Stelle singulärer
Führungspositionen im Bewegungsablauf müsse ein
„positionelles Bewußtsein" auftreten, wie es Paul Christian
in Anschluss an Maurice Merleau-Ponty formuliert (ebd.).
Die mediale Figur des Intuitiven wird aus einer biologischen
Argumentation an eine Reihe mechanischer Größen
delegiert und externalisiert. Zum andern geht die Auflösung
eindeutiger Handlungszuschreibungen in der Bewegung mit
dem einher, was Paul Christian in einer Zusammenarbeit mit
Renate Haas eben als *Bipersonalität* bezeichnet (Christian/
Haas 1949).

Christian und Haas nutzen dabei ein biologisches Modell,
das mechanische Größen verhandelt und dennoch einen
Überschuss der Bewegung – also die „versteckte" Bewegung
– mitführt. Wenn jede Wahrnehmung eine Störungsquelle
sein kann, so müssen Schwingungen reguliert, gedämpft
und zurückgefedert werden, um ein intuitives und damit
reibungsloses Sägen zu ermöglichen (Christian/Haas 1949,
75). Christian bricht solche mechanischen Sensibilitäten auf
die anthropologische Maxime einer „Selbstverborgenheit",
in der eine reibungslose, intuitive Regelungsleistung sowohl
mit kognitiven, motorischen als auch sozialen Dimensionen
einhergeht (Christian 1956, 354).

So simpel ein Beispiel wie das Zweihandsägen erscheint, es legt Phänomene der variablen Führungsordnung und des situativen Geführt-Werdens offen. Solche Phänomene entziehen als Intervallerscheinungen einer klaren Zuordnung von Mensch und Technik, Natur und Kultur den Boden (Rieger 2009, 194). Mehr noch: Die forcierte Betonung einer Subjektivität führe geradewegs zur Aufhebung des bipersonalen Gefüges, in dem es nicht darum gehe, den Anderen zu verstehen oder sich darin einzufühlen, sondern sich den Transitionen, den Kraftübergängen mit ihren Schwingungen, Dämpfungen und Verschiebungen zu überlassen. Bipersonal zu sein bedeute nicht in einer „Kopulation" aus zwei Individuen zu agieren, sondern in der „Solidarität der Selbstverborgenheit" eine gegenseitige Freiheit zu gewähren (Christian 1952, 155).[16] Intuition tritt in diesem Kontext aus dem Cogito des Subjekts und erhält seinen diskursiven Ort in jenem fragilen Zwischenraum zweier diverser Entitäten, die bereits nicht mehr sind, wenn sie sich als Kollaborationspartner begegnen. Was als „Wirksozietät" von Christian für die Trias „Arbeit, Sport, Spiel" ausgerufen wird, markiert das Feld einer intuitiven Begegnung in den Modellen und Simulationen der Robotik. Beide Felder generieren über ihre Szenarien des Intuitiven ein Aushandlungsbereich, in dem die Bezugssysteme Mensch und Maschine variabel werden, ohne prothesenartig transformiert zu werden (ebd., 154). Die Distribution solcher Aushandlungsbereiche, seien sie in der Pflege, seien sie in der Pädagogik oder in der Therapeutik, wird heute – ganz ohne dystopische Verdrängungsszenarien – unter Schlagwörtern einer *Mechanical Sociality* gefasst (Richardson 2015, 11).

16 Für die Aufhebung individueller Signaturen der Bewegung müsse nach Paul Christian nicht zuletzt auch eine „Verdrängung" ihren Platz finden: „Denkt man die Konstruktionsprobleme eines Regelmechanismus durch, der sich in einer variablen Umwelt vielfältig, aber doch zielstrebig und stabil verhalten soll, so leuchtet schließlich sogar die Zweckmäßigkeit einer ,Verdrängung' ein: Vieles muß registriert werden, aber nur weniges darf auf die schnellen Entscheidungen Einfluß gewinnen" (Christian 1956, 356).

7. Schluss

Die Konzepte, Modelle und Vorstellungen, die mit einem
zaunlosen Roboter in den letzten zehn Jahren aufgetaucht
sind, wurden hier anhand der Beispiele von Bewegungssimulationen und der Modellierung haptischer Kontakte
dargestellt. Norbert Wieners Idee einer Maschine, die ihrem
Gegenüber in der klassischen AI-Disziplin Schach überlegen
ist, zeichnet ihre „uncanny canniness" hier weniger durch
Spielstände denn durch ein unaufdringliches Problemverhalten in sozial codierten Räumen wie dem Arbeitsplatz aus.
Aus dem Duell zwischen dem Gott und dem Golem beim
Damespiel ist ein Begegnungsfeld geworden, in dem die
Frage nach Führenden und Geführten nicht per se feststeht,
sondern aus der Bewegung kommuniziert werden soll. Die
Intuition wird dabei als jenes unmittelbar Vermittelnde in
dieser neuen Mensch-Maschine-Konstellation konstruiert.
Bereits in der Philosophie geht sie mit der Frage einher, ob
das menschliche Denken solche Fähigkeiten hat und wenn
ja, wie man dieses unmittelbare Verfahren selbst explizit
macht. Eine Suggestion der Unmittelbarkeit geht also im
Begriff der Intuition – ausgehend von der Philosophie –
stets mit einem formalisierten Vorgehen darüber, was
intuitiv sein soll, einher. In dem hier dargelegten Beispiel
einer Mensch-Roboter-Kollaboration wird Intuition sowohl
metaphorisch eingesetzt, als auch für jenes Paradox einer
unvermittelten Präsenz des Technischen, hinter der eine
eigene Materialität der Modellierung und Simulation von
Körperbewegungen aufwartet. Die hieraus entstehenden
hybriden Räume, in denen das Interface sich zur Haptik von
Mensch und Roboter wandeln soll, wurden hier nicht als
technische Realisierungsmöglichkeit reflektiert, sondern
diskursiv der anthropologischen Figur der Bipersonalität
gegenübergestellt. Wie gezeigt, verweist die Idee der
„Selbstverborgenheit" von Individualität hierbei weniger
auf ein Zurückdrängen durch technische Souveränität.
Vielmehr wirken die Interaktions-Szenarien von Menschen
und Robotern durch die zunehmende Transition von

184 anthropologischen Wissensfeldern in die Robotik auf
Begriffe wie Vertrauen, Sicherheit oder eben Intuition
zurück. Beispiele wie die hier erörterte Bipersonalität
verdeutlichen, dass solche Arbeitsformen sich nicht in
Verdrängungsfantasien des Menschen aufheben müssen,
sondern abermals auf eine Formalisierung des Mühelosen,
des intuitiven Ausführens verweisen, die ihre eigene Medialität der Modellierung und Simulation aufweist. Damit ist
das Feld der Intuition von Mensch-Roboter-Kollaborationen
symptomatisch für die zunehmende Operationalisierung
humanwissenschaftlicher Konzeptionen für neue robotische
Systeme.

Literatur

Albu-Schäffer, Alin 2002. *Regelung von Robotern mit elastischen Gelenken am Beispiel der DLR-Leichtbauarme*. Dissertation: TU München.

Baecker, Dirk 2002. *Wozu Systeme?* Berlin: Kadmos.

Blumenberg, Hans 2015. „Lebenswelt und Technisierung unter Aspekten der Phänomenologie." In: ders.: *Schriften zur Technik*. Frankfurt/Main: Suhrkamp.

Bortot, Dino et al. 2010. „Effizienzsteigerung durch die Bewegungsanalyse und -modellierung der Mensch-Roboter-Kooperationen." In: *Zeitschrift für Arbeitswissenschaft* 64 (2), 65–75.

Bourgine, Paul/Varela, Francisco J. 1992. „Towards a Practice of Autonomous Systems." In: dies. (Hg.): *Towards a Practice of Autonomous Systems: Proceedings of the First European Conference on Artificial Life*. Cambridge, MA: MIT Press, xi–xvi.

Brooks, Rodney A. 1990. „Elephants Don't Play Chess." In: Maes, Pattie (Hg.): *Designing Autonomous Agents: Theory and Practice from Biology to Engineering and Back*. Amsterdam: Elsevier, 3–16.

Christian, Paul 1948. „Vom Wertbewußtsein im Tun: Ein Beitrag zur Psychophysik der Willkürbewegung." In: Weizsäcker, Viktor von (Hg.): *Beiträge aus der Allgemeinen Medizin* (4), Stuttgart: Ferdinand Enke, 1–20.

Christian, Paul 1952. *Das Personenverständnis im modernen medizinischen Denken*. Tübingen: J.C.B. Mohr.

Christian, Paul 1956. „Möglichkeiten und Grenzen einer naturwissenschaftlichen Betrachtung der menschlichen Bewegung." In: *Jahrbuch für Psychologie und Psychotherapie* 4, 346–356.

Christian, Paul/Haas, Renate 1949. „Wesen und Formen der Bipersonalität: Grundlagen für eine medizinische Soziologie." In: *Beiträge aus der allgemeinen Medizin* 7, 1–75.

Coy, Wolfgang 1989. *Industrieroboter: Zur Archäologie der zweiten Schöpfung*. Berlin: Rotbuch.

Evrard, Paul/Kheddar, Abderrahmane 2009. „Homotopy switching model for dyad haptic interactions in physical collaborative tasks." In: *World Haptics – 3rd Joint EuroHaptics Conference and Symposium on Haptic Interfaces for Virtual Environment and Teleoperator Systems. IEEE Technical Committee on Haptics*, 45–50.

Evrard, Paul 2013. *Control of Humanoid Robots to Realize Haptic Tasks in Collaboration with a Human Collaborator.* Dissertation: Université Montpellier. Siehe: https://tel.archives-ouvertes.fr/tel-00807094 (gesehen am 20.08.2016).

Field, Matthew et al. 2011. „Human Motion Capture Sensors and Analysis in Robotics." In: *Industrial Robot: An International Journal* 38 (2), 163–171.

Gilbreth, Frank 1921. *Bewegungsstudien: Vorschläge zur Steigerung der Leistungsfähigkeit des Arbeiters.* Berlin: Springer.

Grosz, Barbara 1996. „Collaborative Systems. AAAI-94 Presidential Address." In: *AI Magazine* 17 (2), 67–85.

Groten, Raphaela Krystyna 2011. *Haptic Human-Robot Collaboration: How to Learn from Human Dyads.* Dissertation: TU München.

Haddadin, Sami et al. 2011. „Towards the Robotic Co-Worker." In: Pradalier, Cédric/Siegwart, Roland/Hirzinger, Gerd (Hg.): *Robotics Research: 14th International Symposiums on Robotics Research.* Berlin, Heidelberg: Springer, 261–282.

Haddadin, Sami/Albu-Schäffer, Alin/Hirzinger, Gerd 2009. „Requirements for Safe Robots: Measurements, Analysis and New Insights" In: *The International Journal of Robotics Research* 28 (11–12), 1507–1527.

Hintikka, Jaakko 2003. „The Notion of Intuition in Husserl." In: *Revue internationale de philosophie* 224 (2), 169–191.

Holtfort, Thomas 2013. *Intuition als effektive Ressource moderner Organisationen: eine theoretische und empirische Analyse.* Wiesbaden: Springer.

Hoof, Florian 2015. *Engel der Effizienz: Eine Mediengeschichte der Unternehmensberatung.* Konstanz: Konstanz University Press.

Husserl, Edmund 1973. *Cartesianische Meditationen und Pariser Vorträge* (= Husserliana Bd. I). Den Haag: Martinus Nijhoff.

Husserl, Edmund 1991. *Ding und Raum: Vorlesungen 1907* (= Husserliana Bd. XVI). Hamburg: Felix Meiner Verlag.

Kant, Immanuel 1998. *Kritik der reinen Vernunft.* Hamburg: Felix Meiner Verlag.

Kast, Bas 2007. *Wie der Bauch dem Kopf beim Denken hilft: Die Kraft der Intuition.* Frankfurt/Main: Fischer.

Kerezovic, Tanja et al. 2013. „Human Safety in Robot Applications: Review of Safety Trends." In: *Bulletin of Engineering* 6 (4), 113–118.

Kittler, Friedrich 1993. „Signal-Rausch-Abstand." In: ders.: *Draculas Vermächtnis: Technische Schriften.* Leipzig: Reclam.

Krajewski, Markus 2010. *Der Diener: Mediengeschichte einer Figur zwischen König und Klient.* Frankfurt/Main: Fischer.

Latour, Bruno 1996. „On Interobjectivity." In: *Mind, Culture and Activity* 3 (4), 228–245.

Newell, Alan/Simon, Herbert A. 1961. „Computer Simulation of Human Thinking." In: *Science* 134 (3495), 2011–2017.

186   Orland, Barbara 2005. „Wo hören Körper auf und fängt Technik an? Historische Anmerkungen zu posthumanistischen Problemen" In: dies. (Hg.): *Artifizielle Körper – Lebendige Technik: Technische Modellierungen des Körpers in historischer Perspektive*. Zürich: Chronos, 9–42.

Pfeifer, Rolf/Bongard, Josh 2007. *How the Body Shapes the Way We Think: A New View of Intelligence*. Cambridge, MA: MIT Press.

Pias, Claus 2002. „Wie die Arbeit zum Spiel wird: Zur informatischen Verwindung des Pessimismus." In: Bröckling, Ulrich/Horn, Eva (Hg.): *Anthropologie der Arbeit*. Tübingen: Narr Francke, 209–230.

Polanyi, Michael 2016. *Implizites Wissen*. Frankfurt/Main: Suhrkamp.

Preusche, Carsten/Hirzinger, Gerd 2007. „Haptics in Telerobotics: Current and Future Research Applications." In: *Visual Computing* 23 (4), 273–284.

Richardson, Kathleen 2015. *An Anthropology of Robots and AI: Annihilation Anxiety and Machines*. New York, London: Routledge.

Rieger, Frank 2016. „Wir schaffen uns ab." In: *Frankfurter Allgemeine Zeitung*. Siehe: http://www.faz.net/aktuell/feuilleton/debatten/die-digital-debatte/die-neuen-roboter-wir-schaffen-uns-ab-14028669.html (gesehen am 26.06. 2017).

Rieger, Stefan 2001. *Die Individualität der Medien: Eine Geschichte der Wissenschaften vom Menschen*. Frankfurt/Main: Suhrkamp.

Rieger, Stefan 2009. „‚Bipersonalität‘: Menschenversuche an den Rändern des Sozialen." In: Griesecke, Birgit et al. (Hg.): *Kulturgeschichte des Menschenversuchs im 20. Jahrhundert*. Frankfurt/Main: Suhrkamp, 181–198.

Rusli, Evelyn A. 2012. „Amazon.com to Acquire Manufacturer of Robotics." In: *New York Times*. Siehe: http://dealbook.nytimes.com/2012/03/19/amazon-com-buys-kiva-systems-for-775-million/?_r=0 (gesehen am 26.06. 2017).

Sprenger, Florian 2012. *Medien des Immediaten: Elektrizität, Telegraphie, McLuhan*. Berlin: Kadmos.

Staff, Robert 2010. „The Rise and Fall of Unimation, Inc.: Story of Robotics Innovation & Triumph That Changed the World!" In: *Robot Magazine*. Siehe: http://www.botmag.com/the-rise-and-fall-of-unimation-inc-story-of-robotics-innovation-triumph-that-changed-the-world/ (gesehen am 26.06.2017).

Weizsäcker, Viktor von 1933. „Der Gestaltkreis, dargestellt als psychophysiologische Analyse des optischen Drehversuches." In: *Pflügers Archiv* 231, 630–661.

Wiener, Norbert 1963. *God and Golem Inc.: A Comment on Certain Points Where Cybernetics Impinges on Religion*. Cambridge, MA: MIT Press.

Wilke, Tobias 2010. *Medien der Unmittelbarkeit: Dingkonzepte und Wahrnehmungstechniken 1918–1939*. München: Wilhelm Fink.

AutorInnen

Suzana Alpsancar studierte Philosophie, Germanistische Sprachwissenschaft, Neuere und Neueste Geschichte sowie Informatik an der TU Chemnitz und promovierte sich 2010 mit einer Arbeit zu den Technikvisionen Vilém Flussers und Mark Weisers am Institut für Philosophie der TU Darmstadt. Als Post-Doc forschte und lehrte sie ebendort, in Istanbul, Witten/Herdecke, Kaiserslautern, Yale und Braunschweig. Derzeit ist sie Gastprofessorin für Technikphilosophie an der BTU Cottbus-Senftenberg. Ihre Schwerpunkte liegen im Schnittfeld von Medien, Technik- und Wissenschaftsphilosophie sowie Fragen der Angewandten Ethik

Michael Andreas, Studium der Film- und Fernsehwissenschaft, Theaterwissenschaft in Bochum und Toronto. Danach wissenschaftlicher Mitarbeiter am Institut für Medienwissenschaft der Ruhr-Universität Bochum, Fellow am MECS, Lüneburg sowie an der Mercator Research Group – Spaces of Anthropologica Knowledge in Bochum, seither Lehraufträge in Bochum, Düsseldorf, Frankfurt und Wien. Zu seinen Forschungsinteressen gehören Digitale Kulturen, Politische Theorie und Postcolonial Studies.

Dawid Kasprowicz ist wissenschaftlicher Mitarbeiter am Lehrstuhl für Philosophie digitaler Medien an der Universität Witten-Herdecke. Forschungsschwerpunkte umfassen Mediengeschichte und Theorie des Embodiment, Körpergeschichte des 19. und 20. Jahrhunderts sowie Medientheorie. Promotion zum Thema: „Der Körper auf Tauchstation: Zu einer Wissensgeschichte der Immersion". Publikationen u.a.: „Technik | Intimität". Schwerpunkt in der *Zeitschrift für Medienwissenschaft* 15 (2), Gasthrsg. gemeinsam mit Michael Andreas und Stefan Rieger, Diaphanes 2016; „Lebenstreue Medien. Von immersierten Körpern zu digitalen Menschmodellen." In: *Jahrbuch für immersive Medien*, Schüren 2015, S. 29-41.

190   **Kevin Liggieri**, Dr. des., studierte Germanistik und Philosophie an der Ruhr-Universität Bochum und schloss seinen Master of Arts im Sommer 2013 ab. In seinem Promotionsprojekt beschäftigte sich Kevin Liggieri mit Optimierungen der Episteme „Mensch" im Zeitraum des frühen bis mittleren 20. Jahrhunderts. Leitgedanke hierbei ist die Begrifflichkeit der „Anthropotechnik" in Kultur- sowie Arbeitswissenschaft. Im Juli 2017 schloss er seine Promotion ab. Er ist Mitarbeiter am Lehrstuhl für Kulturphilosophie in Bochum.

Stefan Rieger, Prof. Dr.: Studium der Germanistik und Philosophie. Stipendiat im Graduiertenkolleg Theorie der Literatur (Konstanz), im Anschluss daran Mitarbeiter im Sonderforschungsbereich *Literatur und Anthropologie*. Promotion über barocke Datenverarbeitung und Mnemotechnik, Habilitationsschrift zum Verhältnis von Medien und Anthropologie (*Die Individualität der Medien. Eine Geschichte der Wissenschaften vom Menschen*, Suhrkamp 2001). Heisenbergstipendiat der DFG. Seit 2007 Professor für Mediengeschichte an der Ruhr-Universität Bochum. Aktuelle Arbeits- und Publikationsschwerpunkte: Wissenschaftsgeschichte, Medientheorie und Kulturtechniken.

Anna Tuschling arbeitet am Institut für Medienwissenschaft und Centre for Anthropological Knowledge in Scientific and Technological Cultures (CAST) der Ruhr-Universität Bochum als Professorin für Theorie, Ästhetik und Politiken digitaler Medien. Zur Ihren Forschungsschwerpunkten zählen Medientheorie, Internetgeschichte, Psychoanalyse und die Mediengeschichte der humanwissenschaftlichen Affektforschung. Aktuelle Publikation: *Diskretes und Unbewusstes. Die Psychoanalyse, das Cerebrale und die Technikgeschichte*, Wien: turia + kant 2017.

www.ingramcontent.com/pod-product-compliance
Lightning Source LLC
Chambersburg PA
CBHW030844270326
41928CB00007B/1215

* 9 7 8 3 9 5 7 9 6 1 3 5 8 *